KB116367

초등 메타인지 공부력

하브루타로
쌓아가는
상위 1%의 힘

초등 메타인지 공부력

김금선 지음

위즈덤하우스

생각하는 힘을 키워
원하는 삶을 살아가게 하는 원동력

"하브루타 교육을 만나서 제 삶이 달라졌어요. 무엇보다 제가 성장했어요. 부부 관계도 좋아졌고, 아이들과의 관계도 편안해져 대화가 끊이지 않는 가족이 되었어요. 진심으로 고맙습니다."

그동안 하브루타 강연을 해오면서 이런 감사 인사를 숱하게 받았다. 지금은 널리 알려져 하브루타를 모르는 사람을 찾기가 힘들지만, 당시만 해도 생소한 개념이었다. 간단히 말하자면 하브루타는 질문을 통해 생각을 나누고 토론하는 교육법인데, 쌍방향 토론보다는 일방향 주입식 교육에 치중된 우리의 교육에 꼭 필요해 보였다.

내가 2012년에 설립한 하브루타부모교육연구소는 하브루타가 공교육에 포함되고 가정과 사회로 확장되는 데 주도적인 역할을 했다. 수많은 선생님과 부모님의 적극적인 참여로 우리 아이들의 교육에 큰 변화가 이루어졌다. 초등 교과서에는 스스로 질문하고 친구와 대화하며 토론할 수 있는 과정이 도입됐고, 마침내 2022년에는 독서 토론이 정식 과목으로 포함되기까지 했다. 활발한 토론을 거쳐 생각을 키워가는 과정이 우리 교육에 절실했기 때문이다.

하브루타 교육을 전국적으로 진행하면서 참여하신 많은 분이 아이들뿐만 아니라 자신 역시 변화하고 성장했다고 얘기했다. 그 과정에서 교육의 화두로 '문해력'과 '메타인지'가 떠올랐다. 하브루타 교육을 10여 년간 연구하고 알리면서 결국은 문해력을 통한 사고의 확장이 메타인지를 높여주는 최고의 도구라는 사실을 깨달았다.

메타인지는 '한 단계 높은'이라는 뜻을 가진 '메타(meta)'와 어떤 사실을 안다는 뜻의 '인지(cognition)'가 결합한 용어로, 자신의 사고 수준을 한 단계 높은 곳에서 바라보는 것이다. 자기 생각의 수준과 무지를 깨달아가면서 끊임없이 성장하려면 메타인지 능력이 필요하다. 혼자 생각하고 결론을 내리기보다 하브루타를 하면서 같이 고민하고 다른 사람의 생각을 통해 자신의 선입견을 깨뜨리거나 설득을 당하면서 사고의 유연성과 확장성을 높이는 과정이 곧 메타인지를 높이는 과정이다.

하브루타 교육이 메타인지를 높이는 역할을 한다는 확신은 2020년 8월에 메타인지교육협회의 설립으로 이어졌다. 공교육에 종사하는 전현직 수석 교사를 포함한 45명의 선임 연구원들과 꼬박 1년 동안 메타인지 하브루타 교육에 대해 연구하는 데 전념했다. 각 분야에서 전문가로 활동하는 이분들은 현재 전국에 메타인지 하브루타 교육의 우수성을 알리는 데 전력을 다하고 있다. 또 메타인지교육협회에서 공교육 수석 교사, 교육학 박사, 상담학 박사, 학습 컨설팅 전문가, 부모 교육 전문가, 독서 토론 전문가, 청소년 상담 전문가 등 각 분야의 전문가들이 모여 민간자격과정인 '메타인지 하브루타 교육사' 과정을 개설해 진행하고 있다.

하브루타 교육은 초중등 아이들이 생각하는 힘을 키워서 건강한 삶을 살아갈 수 있는 원동력을 제공한다. 아이들뿐만 아니라 하브루타 교육에 참여하는 어른들도 자신을 들여다보고 성찰하는 통찰력이 높아져 많은 도움을 받는다고 말한다. 실제로 나는 하브루타를 알리고 그것에 관해 교육하는 사람이지만, 가장 큰 혜택을 받은 사람이기도 하다. 내가 원하는 것 이상의 성과를 꾸준히 이뤄내고 있는 것은 내 메타인지력이 높아진 덕분이라고 생각한다.

무엇보다 나는 세 아이를 키우면서 하브루타를 만났고, 내 아이들에게 실제로 적용하며 그 효과를 온몸으로 느꼈다. 특히 성장기에는 아이의 잘못된 학습 태도와 결과 때문에 부모와 아이가 갈등 관계에 빠지기 쉽다. 그래서 학습 면에서 하브루타를 통한 아이의 메타인지력 향상은 꼭 필요하다. 내 아이들도 향상된 메타인지를 발휘하여 자신에게 부족한 부분이 무엇인지 제대로 알고서 그 부분을 집중적으로 공부하면서 결과적으로 좋은 성적을 거둘 수 있었다. 이제 성인이 된 아이들은 자기 생각을 표현하는 데 주저함이 없고, 자신에 대해 잘 알고 있으므로 매 순간 자기에게 가장 알맞은 선택을 하며 살아간다.

하브루타 교육을 통해 부모가 달라지면 집 안에서 좋은 변화가 이어진다. 도대체 하브루타의 무엇이 이런 변화를 만드는 것일까? 하브루타를 통해 자기 네트워크 안에서 나 자신으로서, 부모로서, 아내로서, 남편으로서 내가 누구인지, 어떤 생각을 하는지, 어떤 위치에 있는지 깊이 있게 알아가는 만큼 삶의 변화는 당연한 일이다. 나를 잘 알게 되는 순간 나답게 인생을 살면서 행복한 삶을 꾸릴 수 있다. 그리고 이 과정에서 자연스럽게 메타인지가 더욱 확장되는 선순환이 이뤄진다.

진정한 공부는 '나를 알아가는 과정'이라는 말이 있다. 현재 나의 상태를 정확히 파악하면 내가 부딪치게 되는 온갖 상황에 적절히 대비하고 행동하여 성공적으로 살아갈 수 있다. 부모가 먼저 하브루타를 통해 성공적으로 살아간다면 아이도 그런 부모를 보고 배울 것이다.

이 책에서는 하브루타와 메타인지가 어떻게 연결되어 있는지, 아이의 메타인지를 키우는 하브루타를 위해서는 먼저 부모에게 어떤 마음가짐과 자세가 필요한지 설명하면서, 아이와 함께 메타인지 하브루타를 실천하는 구체적 방법들까지 안내한다. 여러 매체에서 메타인지의 중요성을 강조할 뿐 그 실용적인 내용에 대해서는 모호하다고 느꼈다면 이 책에서 그동안의 답답함을 해소할 수 있을 것이다. 부디 하브루타 메타코칭을 실천하여 부모와 자녀가 스스럼없이 질문하고 대화하며 행복한 관계를 맺고, 각자가 원하는 삶을 살아가길 바란다.

CONTENTS

메타인지가 높으면

자신의 능력과 한계를 정확히 파악한 후 꼭 필요한 곳에

시간과 노력을 투자해 효율성을 높일 수 있다.

그러니 비단 공부뿐만 아니라

인생에서도 성공할 확률이 커질 수밖에 없다.

메타인지의 진정한 목적은 자신을 좀 더 제대로 파악하여

스스로 문제를 해결해가며

삶을 주체적으로 살아가는 데 있다.

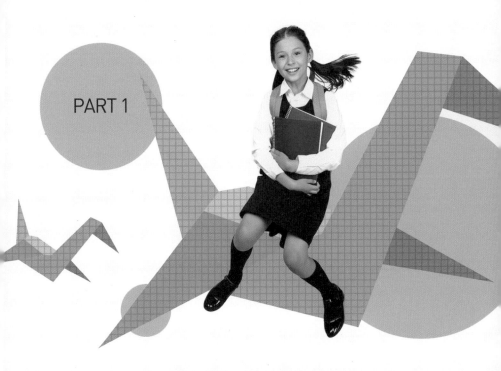

PART 1

모든 성취는
나를 아는 데서
시작된다

CHAPTER 1

메타인지란 무엇일까?

"이번 시험은 진짜 열심히 준비했는데……. 문제집도 다 풀고 틀린 문제는 다시 한번 풀어보고 잠도 줄여가면서 공부했는데 말이야. 이런 결과가 나오다니 믿을 수가 없네. 도저히 이해가 안 가. 왜 지난번보다 성적이 더 떨어진 거야?"

시험이 끝나고 부리나케 가채점을 해보는 소리가 요란한 교실에서는 이런 반응을 보이는 친구들이 종종 있다. 이런 친구들은 자신은 분명 최선을 다했는데 정작 지난번보다 더 나빠진 결과에 실망하고 좌절하기에 이른다. 어깨를 축 늘어뜨린 채 집으로 돌아온 아이의 얼굴을 보면서 부모도 어찌해야 할지 몰라 가슴이 답답해진다. 옆에서 보기 안쓰러울 만큼 아이가 열심히 공부하는 모습을 지켜봐왔기에 부모도 뭐라 위로의 말을 해줘야 할지 난감하기만 하다.

"학원을 바꿔볼까?"
"개인 지도를 한번 받아볼래?"
"이도 저도 아니면 학습 컨설팅을 받아보는 건 어떠니?"
"이번 시험에 인생이 달린 건 아니니까 너무 속상해하지 마."

그래서 이렇게 공부하는 방법을 바꿔보자는 제안을 하며 아이의 속상한 마음을 달래는 부모가 있는가 하면, 어떤 부모는 아이의 가슴에 비수를 꽂으며 관계를 망치는 말을 한다.

"그냥 책상 앞에 앉아만 있을 뿐 딴짓을 한 것 아냐?"
"공부 방법을 모르고 무식하게 문제집만 보는 건 아니냐?"
"다른 친구들에게 어떻게 공부하는지 좀 물어봐. 입 됐다가 뭐 할래?"
"너는 공부가 아닌가 보다. 빨리 다른 길을 찾아라."

시험이 끝나면 자주 반복되는 이와 같은 상황에 아이가 공부와 담을 쌓기도 하고, 부모가 하면 안 되는 말을 쏟아내어 아이에게 상처를 주기 일쑤다. 부모와 아이 모두 지쳐가면서 관계는 점점 나빠지고 심각해진다. 악순환의 시작이다.

이런 사태가 벌어지지 않게, 이미 벌어지고 있다면 앞으로 개선해나가기 위해 알아야 할 개념이 있다. 바로 '메타인지 (metacognition)'다. 학생들에겐 공부를 잘하는 방법으로, 직장인들에겐 업무 성과를 올리는 핵심 역량으로, 인공지능과 공존하며 살아갈 우리 인간에겐 꼭 필요한 경쟁력으로 메타인지를 꼽는다. 도대체 메타인지가 무엇일까?

자기 자신에 대해 모를 때 생기는 비극

꽤 오랜 시간 독서 토론 수업을 진행해오면서 내가 자주 하는 질문이 있다.

"내가 누구인지, 즉 자기 자신을 잘 알고 있다고 생각하나요?"

지금껏 내 질문에 제대로 답변한 사람이 없었던 것 같다. 사람들은 대부분 자신이 선택하고 결정하면서 인생을 주도적으로 살아가고 있다고 생각한다. 그런데도 제대로 대답하는 사람이 없었던 것을 보면 자신에 대해 이해하고 자기 상태를 파악하는 것이 그만큼 어렵다는 방증이 아닐까.

메타인지는 1970년대 발달심리학자인 존 플래벌(John Fla-vell)이 만든 학문 용어로, '한 단계 높은, ~에 대한, ~뒤의'의 의미를 갖는 '메타(meta)'와 어떤 사실을 안다는 뜻인 '인지(cognition)'의 합성어다. 플래벌은 메타인지를 "자기 생각을 판단하는 능력"이라고 말한다. 다시 말하면 자신의 사고 수준을 한 단계 높은 곳에서 바라보는 능력으로, 스스로 성찰할 수 있는 수준을 나타내기도 한다. 자신의 생각하는 능력과 무지를 깨달아가면서 끊임없이 성장하는 과정에서 메타인지 능력이 발휘된다.

메타인지는 두 단계로 이루어진다. 내가 무엇을 알고 모르는지 스스로 판단하는 모니터링(monitoring) 단계와, 이를 바탕으로 자기 행동을 수정하고 보완하는 컨트롤(control) 단계가 있다. 내가 무엇을 모르는지를 파악한 다음에 어떻게 해결할 것인지까지가 포함되는 것이다(리사 손 교수의 『메타인지 학습법』 참조).

〈 메타인지 단계 〉

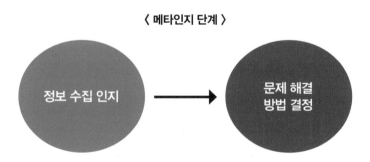

1단계 모니터링 | 자신이 가지고 있는 지식의 질과 양에 대해 스스로 평가하는 과정
2단계 컨트롤 | 모니터링을 바탕으로 어떻게 해야 할지 결정하고 앞으로의 방향을 설정하기 위해 노력하는 과정

몇 년 전 EBS 〈부모 특강〉에서 소개한 후 메타인지는 이제 부모들에게도 낯설지 않은 용어가 되었다. 메타인지 심리학을 연구하는 컬럼비아대학교의 리사 손 교수는 말한다.

"같은 시간을 공부해도 다른 결과를 내는 이유가 따로 있다. 모든 학습은 메타인지에서 시작된다."

메타인지가 뛰어나면 같은 시간을 공부해도 학습 속도가 더 빠르다는 이야기다. 예를 들어 영어를 공부했는데 성적이 잘 나오지 않았다면 그것이 어휘가 모자라서인지, 문법이나 문장 구조를 잘 몰라서인지 등 자신에게 부족한 부분이 무엇인지 판단하는 데 메타인지가 사용된다. 메타인지가 높으면 자신의 능력과 한계를 정확히 파악한 후 꼭 필요한 곳에 시간과 노력을 투자해 효율성을 높일 수 있는 것이다. 그러니 비단 공부뿐만 아니라 인생에서도 성공할 확률이 커질 수밖에 없다. 메타인지의 진정한 목적은 자신을 좀 더 제대로 파악하여 스스로 문제를 해결해가며 삶을 주체적으로 살아가는 데 있다.

내 생각을 똑바로 들여다보는 것

메타인지는 우리에게 '공부 잘하는 법' 정도로 알려져 있다. EBS 〈상위 0.1%의 비밀〉에서도 상위권 학생들의 비결이 높은 메타인지 능력에 있음을 보여준다. 하지만 메타인지는 공부뿐만 아니라 전 생애에 걸쳐서 두루 영향을 미친다.

갑자기 자신이 낯설게 느껴지는 순간을 경험한 적 있는가? 내가 누구인지, 세상에 왜 태어났으며 어떻게 살아야 하는지 막막해질 때가 있다. 어쩌면 '나는 도대체 누구인가?'라는 의문이 문득 떠오르는 그때야말로 가장 철학적인 사고를 하는 순간인지도 모른다. 이때 메타인지가 활발하게 발휘되는데, 안타깝게도 그런 순간이 오래가지는 못한다.

아이는 아이대로 학원에다 숙제에 바쁘게 돌아가는 스케줄로 오래 고민할 수 없는 환경이고, 어른은 어른대로 사는 일에 치여서 고민 없이 넘기기 일쑤다. 아이의 경우 부모가 짜놓은 생활 패턴대로 기계적으로 움직이다 보면 스스로 생각하는 힘이 부족해진다. 누군가의 지시나 안내에 따라 사는 데 익숙해진다. 누군가의 판단이나 평가에 따라 자신을 그대로 인정해버리는 습관이 들면 평생 내가 누구인지 모른 채 살아갈 수 있다.

그리스 델포이 신전에 쓰여 있는 "너 자신을 알라!"라는 말이 긴 세월 회자되는 이유도 나 자신을 아는 것이 그만큼 어려운 일이고, 또한 중요한 일이기 때문이다. 나를 아는 것, 내 생각을 들여다보는 것이 바로 메타인지다.

평생 공부를 하고 독서를 열심히 하는 이유는 궁극적으로 자신을 알아가기 위한 것이라고 해도 과언이 아니다. 혼자 생각하고 혼자만의 세계에 빠지면 오류나 편향이 생길 수 있지만, 그 이후 치열하게 토론하는 과정에서 나를 알아가는 것은 객관적인 사고를 할 수 있는 좋은 방법이다.

CHAPTER 2

메타인지 vs. 지능

미국과 유럽에서는 메타인지와 관련한 연구가 오랫동안 이어 져왔다. 네덜란드 라이덴대학교의 마르셀 베인만(Marcel Veen-man) 교수는 25년간 메타인지를 연구한 것으로 유명하다. 베인 만은 메타인지와 IQ 중 무엇이 성적을 더 잘 예측할 수 있는지 연구했다. 그 결과, IQ는 성적을 25퍼센트 정도만 설명한 반면, 메타인지는 40퍼센트 정도를 설명하여 메타인지가 성적을 더 잘 예측하는 변수라고 결론을 내렸다.

메타인지는 한마디로 나를 객관적으로 보는 것이다. 비행기 위에서 아래를 내려다보면 세상이 훨씬 잘 보이듯 나를 한 걸음 떨어져서 바라보는 방법이다. 이렇듯 중요한 메타인지는 타고

나는 것일까? 아니면 후천적으로 향상할 수 있는 것일까?

먼저 메타인지와 지능의 관계부터 살펴보자. 사람들은 저마다 다른 지능을 가지고 있다. 지능은 "유전적으로 부여된 중추신경계의 특징과 경험·학습·환경요인에 의해 만들어진 총체적 능력"을 말한다. 다시 말해 지능은 유전적 영향과 환경적 영향을 받는데, 최근 연구에서는 환경적 요인보다 유전적 요인이 더 결정적인 역할을 한다는 결과를 얻고 있다.

지능은 학습에 영향을 준다. 스탠퍼드-비네(Stanford-Binet) 검사나 웩슬러(Wechsler) 검사 등 지적 능력을 수치로 나타내는 대표적 지능 검사를 통해 부모들이 아이의 상태를 파악하고 싶어 하는 것은 이상한 일이 아니다. 그런데 지능이 높다고 해서 무조건 학습을 잘하는 것은 아니다. 오히려 메타인지를 높이는 환경이 갖춰져야 학습 능력의 향상에 큰 효과가 나타난다.

높은 지능으로 매번 만점을 맞는다고 해도 그 아이의 메타인지까지 그만큼 높다고 말하기는 힘들다. 만점에 익숙한 아이일수록 자신이 언젠가 틀릴 수도 있다는 두려움에 시달리며, 한 번만 틀려도 심리적으로 크게 위축된다. 언제든지 내가 틀릴 수 있으므로 그것을 자연스럽게 수용하고, 다음에는 틀리지 않기 위해 어떻게 알아갈 것인가에 집중할 수 있는 태도가 메타인지가 높은 자세다.

원하는 만큼 키울 수 있는 능력

학습뿐만 아니라 일상적인 삶에도 다양하게 적용되는 메타인지는 실패하면서 키워지는 일종의 내공이다. 메타인지는 환경·경험·학습 등을 통해 이해하고 자기 것으로 만들어가는 과정에서 자신이 모르는 것에 대해서도 긍정적으로 받아들인 후 스스로 다양한 해결 방법을 찾아보고 적용하면서 꾸준히 높아진다. 즉 그 과정에서 자신의 이해도와 문제 해결력을 계속 점검하는 메타인지는 타고나는 것이 아니라 환경적 요인에 의해 죽을 때까지 키울 수 있는 능력인 것이다.

한 가지 예를 들어보겠다. 아이가 오로지 지능으로만 상위 1퍼센트 성적에 속한다는 게 가능할지 생각해보자. 아이에게는 좋아하는 과목도 있고, 싫어하는 과목도 있을 것이다. 자신 있는 과목도 있고, 성적이 잘 나오지 않는 과목도 있을 것이다. 싫어하는 과목의 공부를 대충 하거나 미루고, 좋아하는 과목에 시간을 많이 할애한다면 아이의 성적이 상위 1퍼센트 안에 들어가기는 힘들 것이다. 어렵거나 불편한 과목에 더 많은 시간을 할애하여 고민하고 집중하는 것이 힘들긴 하겠지만, 그런 과정을 거쳐야 완성도 높은 점수가 나온다. 메타인지가 높을 때 스스로 끝까지 이해하고 해결하겠다는 의지와 집중력이 발휘될 수 있으며, 이는 곧 메타인지가 높은 아이들이 최상위 성적을 낼 수 있다는 말이다.

부모들이 아이의 영유아 시기부터 본격적 학습 시기인 초중등 시기까지 메타인지를 향상할 수 있는 환경을 만들어준다면 얼마든지 메타인지를 높일 수 있다. 일상생활을 하면서, 학습을 하면서 아이가 어려움을 호소할 때 바로 도와주거나 해결 방법을 찾아주는 친절한 부모는 오히려 아이가 메타인지를 배울 기회를 박탈하는 것이나 다름없다. 아이는 스스로 자기 어려움을 해결할 방법을 궁리하고 찾아가는 경험을 통해 메타인지를 발휘하며 주도적인 학습을 할 수 있는 역량을 갖추게 된다.

다시 말하지만 메타인지는 선천적 능력이 아니라, 운동을 하면 근육을 키울 수 있듯이 꾸준하고 적절한 훈련 과정을 거쳐 상당 부분 키울 수 있는 높은 단계의 인지능력이다. 어떻게 키울 수 있는지 살펴보기 전에 아이의 메타인지를 확인하는 원칙부터 알아보자.

메타인지 3단계부터 체크하라

메타인지가 높다는 것은 자기 실력이 어느 정도인지 정확하게 파악하고 있다는 것이다. 막연히 잘할 수 있다고 자기 실력을 착각하지 않을 가능성이 크다. 또한 자기 실력을 정확하게 파악하는 능력을 넘어서서 기대한 결과에 미치지 못한다면 그 원인이 무엇인지 분석하고 극복 방법을 적극적으로 찾아낸다. 메타인지는 자신의 부족한 점을 찾아내어 어떻게 개선할 것인지에 대한 인지 활동이기 때문이다.

수학을 예로 들어보자. 수학은 중학생부터 '수포자'가 상당수 나오기 시작할 만큼 어려운 과목이다. 처음부터 수학이 어렵다고 인지한 후 극복할 생각이 없는 친구들은 메타인지가 낮은 학생들이다. 현재 자신이 공부하는 방법을 되돌아보면서 기초 개념이 부족한지 체크한 후 자기 문제점에 대해 수학을 잘하는 친구에게 도움을 구하여 적극적으로 알아보려는 친구들이라면 메타인지가 높은 학생들이다. 이런 학생들은 절대 수포자가 되지 않을 것이다.

자기 문제점을 분석하고 성찰하는 메타인지를 발휘하는 아이라면 자신을 믿으며 도전하는 긍정적 태도를 지녀서 학습에서도 삶에서도 성장을 기대할 수 있다. 성장형 사고를 하는 사람들은 도전을 두려워하지 않고 실패도 성장의 밑거름이라고 믿는다.

[메타인지 3단계 체크]

- 학습 수준 : 자신이 학습하는 내용에 대한 이해의 정도, 그 내용과 관련한 자신의 지식과 능력을 확인한다.

- 진행 방법 : 무엇에 얼마만큼의 시간과 노력을 기울여야
할지 점검한다.
- 해결 방안 : 학습 목표를 설정하고 조절하며 문제 해결 방
법을 찾아낸다.

메타인지 3단계를 체크할 때 처음에는 혼자서 체크하면 자기
객관화의 어려움으로 그 효과가 떨어질 수 있으므로 부모나 선
생님, 친구와 함께하여 자기 상황에 대해 도움을 받는다면 좋은
결과를 가져올 수 있다. 이것은 학습에만 해당하는 이야기가 아
니다. 삶에도 적용할 수 있다. 내 문제점이 무엇인지에 대한 정
확한 이해와 파악이 우선이고, 어떻게 개선하고 보완하는 것이
올바른지에 대한 점검이 필요하다. 그다음으로 나의 목표 설정
을 수정하거나 조절하는 과정을 통해 성공적인 결과를 기대할
수 있다.

아이의 메타인지를 활성화하는 방법

어린아이도 본능적으로 이를 사용한다는 연구 결과가 있지
만, 메타인지는 성인이 되면서 점차 발달하는 인지능력이다. 다
만 꾸준히 발달해가지만, 그것을 얼마나 자주 사용하느냐에 따

라 개인마다 활성화되는 정도가 다를 뿐이다. 그래서 전문가들은 누구나 훈련으로 메타인지를 발달시킬 수 있다고 말한다.

기본적으로 우리 뇌는 게으르다. 되도록 안전지대에 머물기를 바라며, 쉽고 편안한 길을 추구한다. 안타깝게도 메타인지는 친숙하고 안전한 상황에서는 작동을 멈춘다. 우리가 불편해하고 실패할 가능성이 많은 상황에서 발달한다. 뇌가 안전지대에 머물러 있다는 것은 편안한 상태를 유지하고 있다는 뜻이다. 도전의 필요성이나 삶의 변화도 느끼지 못하는 상황이라는 의미다. 치열하게 토론하거나 생각을 깊게 할 때 뇌가 격동한다고 말한다. 뇌가 격동할 때, 즉 타인과 자신의 생각을 나누면서 자극과 도전을 받고 상대방의 생각을 이해하거나 반박하거나 수용하는 과정에서 높은 고등 사고를 할 수 있다.

토론하기 | 토론은 찬성과 반대의 입장으로 나뉘는 주제에 대하여 각각의 입장을 관철하기 위해 타당한 근거를 들어 자기주장을 논리적으로 펼치는 말하기다. 같은 책을 함께 읽고 그 속에서 끌어낸 문제에 대해 토론하는 것이 메타인지를 키우는 데 도움이 된다.

다양한 경험을 하기 | 독서를 통한 간접경험이든, 직접경험이든 다양한 경험을 통해 많은 것을 보고 듣고 아는 사람은 그렇

지 못한 사람보다 넓고 깊게 볼 수 있다. 친숙한 환경에서는 메타인지가 작동하지 않는데 낯선 상황에서, 한 번도 겪어보지 못한 경험을 하면서 스스로 문제를 해결하려고 애쓰다 보면 메타인지가 강한 자극을 받는다.

기록하기 | 머리로 아는 것으로는 부족하다. 머릿속에 있는 지식, 정보, 경험, 감정 등을 기록하면 저절로 자기 점검이 된다. 또한 기록한 것은 오래 기억되어 진짜 내 것으로 남는다.

스스로 질문하고 답하기 | 이미 알고 있다고 생각했는데 갑자기 누군가에게 질문을 받으면 쉽게 대답하지 못할 때가 있다. 뇌는 우리가 몇 번 본 것을 잘 알고 있다고 생각한다. 어떤 주제가 친숙하면 잘 아는 것이라고 느끼는데 이는 뇌의 속임수로 인한 착각일 뿐이다. 내가 제대로 알고 있는지 확인하는 방법은 말로써 설명해보는 것이다. 말로 잘 설명할 수 있으면 제대로 알고 있는 것이다. 그 과정에서 자신에게 부족한 부분을 확실하게 파악할 수 있다.

실패를 두려워하지 않기 | 아이가 작은 실패를 두려워하지 않도록 격려하고 지지해야 한다. 실패를 경험하지 않은 아이들은 사소한 실패에도 무너져 내린다. 인생에서는 수많은 좌절과 예

상치 못하게 힘든 일들을 비일비재하게 맞닥뜨리게 된다. 많은 경험을 하면서 실패도 그만큼 겪어야만 해야 할 일과 해서는 안 되는 일을 구분할 수 있는 생각 근육이 만들어진다.

CHAPTER 3

메타인지와
하브루타의 상관관계

앞에서 메타인지가 비단 아이의 공부뿐만 아니라 전체 인생에 걸쳐 중요한 영향을 미친다는 것을 살펴보고, 메타인지를 높이는 방법들도 여러 가지를 간략하게 언급했다. 그런데 이 모두를 포함하면서 능가하는 것이 바로 '하브루타'다.

하브루타(havruta)는 히브리어로 '하베르'이며, 유대인들이 3천 년 이상 실천하고 있는 대화법이자 독서법이고 공부법이다. 한마디로 정의하면 짝과 함께 대화하고, 질문하고, 토론하며, 논쟁한다. 사실 공부법이라기보다는 독서 토론법에 가깝다. 전통적인 도서관 예시바(yeshiva)와 교육기관 코렐(kollel)에서 주된 학습법으로 통한다. 예시바는 여느 도서관처럼 절대 조용하지 않다. 둘씩 모여서 토론하는 소리로 시끄럽다. 이는 코렐도 마찬가지다. 한국에서는 상상하기 힘든 모습이다.

나는 10년간 하브루타 교육을 널리 알려오면서 우리 교육의 해법이 하브루타에 있음을 알게 되었다. 하브루타 교육은 말하는 공부법, 설명하는 공부법, 가르치는 공부법, 같이하는 공부법, 토론하는 독서법, 아이와 선생님의 역할이 바뀌는 학습법 등으로도 부를 수 있다. 직접 말하면서 가르쳐보고 토론하는 과정을 거쳐 진정한 배움이 일어나고, 배움의 즐거움도 느끼게 된다.

유대인들은 어릴 때부터 특히 『구약성경』과 『탈무드』를 짝과 함께 치열하게 토론하면서 서로에게서 배운다. 그 짝은 부모일 수도 있고, 자녀일 수도 있으며, 친구일 수도 있다. 짝으로 만나서 토론하는 사람이 누구든 그 모두가 스승인 것이다. 짝이 되어주는 대상의 폭을 열어놓고 배우려는 자세는 다양한 관점과 유연한 사고로 이어지고, 자신만이 옳다고 주장하는 편협한 사고에서 벗어나는 인재상을 만들었다. 다양한 상대와 토론하며 선입견에서 빠져나와 다른 의견을 통해 자기 생각을 다듬으며 자신을 찾아가는 시간이 결국 메타인지를 높인다.

유대인들이 각 분야의 세계적 인재로 두각을 드러내는 비율이 높은 이유가 여기에 있다. 하브루타를 활용해 자신을 정확하게 파악하고 자신이 누구인지, 어떤 생각에 집중하고 있는지,

어느 부분에서 오류가 생겼는지 매일 점검하고 수정하며 새롭게 배우는 과정에서 누구보다 뛰어난 자질을 갖추게 되고, 자기 분야에서 높은 성취를 이룰 가능성 또한 커진다.

무엇이든 꾸준해야 자신이 원하는 바를 얻을 수 있듯이 하브루타도 꾸준히 해야 한다. 몇 번의 시도로는 메타인지가 향상되지 않는다. 꾸준하게 실천하여 몸에 체화됐을 때 하브루타가 메타인지를 향상하는 데 도움이 된다. 하브루타를 꾸준히 하면 메타인지는 저절로 좋아진다.

하브루타로 얻을 수 있는 메타인지력

『탈무드』에는 랍비 힐렐(Hilel)의 이야기가 있다. 힐렐은 유대 역사에서 영향력 있는 랍비 중 한 명으로, 2천여 년 전 바빌로니아에서 태어났다. 스무 살이 될 무렵 이스라엘로 가서 두 명의 랍비 밑에서 공부했다. 하지만 당시에는 로마제국의 지배하에 있었기 때문에 유대인들의 생활이 몹시 궁핍하고 어려웠다. 힐렐도 너무 가난해서 수업료를 낼 수 없는 형편이었다. 나무를 해서 겨우 살아가고 있었다. 하지만 너무나 공부하고 싶은 나머지, 추운 겨울인데도 지붕 위로 올라가 채광창으로 수업하는 모습을 훔쳐봤다. 스승이 교실에 드리운 힐렐의 그림자를 보고서 이 사실을 알게 되어 그에게 공부할 기회를 주었다.

이 이야기를 듣고 어떤 질문을 할 수 있을까?

힐렐은 왜 그렇게 공부를 하고 싶어 할까?

공부란 무엇일까?

왜 공부를 해야만 할까?

시험은 꼭 봐야만 할까?

숙제는 꼭 해야만 하나?

공부를 잘하면 어떤 일들이 생길까?

나는 공부를 좋아하나?

어떤 공부가 가장 재미있나?

내가 하고 싶은 공부는 무엇인가?

나는 어떤 일을 하면서 살고 싶나?

나는 수학이 왜 어려울까?

나는 영어 단어를 암기하는 것이 왜 그렇게 싫을까?

이런 질문을 스스로에게 던지거나, 상대방에게 질문하며 생각의 지평을 넓히는 것이 하브루타다. 이 질문들을 토대로 자신의 학습 상태, 배움에 대한 생각과 더불어 무슨 과목을 좋아하는지, 그리고 공부가 궁극적으로 나에게 어떤 의미인지 알게 된다. 주어진 텍스트를 혼자 읽고 생각을 정리할 때보다 상대방의 생각을 통해 내 생각을 깊이 들여다볼 수 있다는 점이 중요하다. 이것이 메타인지를 상당히 높은 단계까지 높이는 최고의 방법이다.

아이가 하브루타를 통해 얻을 수 있는 중요한 결과물은 다음과 같다. 하브루타 교육은 주입식이 아니라 쌍방향 소통이 기본이다. 자기 생각을 표현하고 주장하며 상대방의 반박을 토대로 내 오류를 찾아내어 수정한다. 상대방이 내 선입견을 깨뜨려주는 것에 감사하고, 상대방에게 설득당하는 것을 배움의 시간으로 여기는데, 이것이 메타인지를 높인다고 본다. 이런 과정에서 나를 찾아내고 내가 누구인지에 대한 숙제를 조금씩 해결해가는 것이 메타인지다. 즉 메타인지는 자기 인지에 대한 관찰과 통제, 그리고 판단을 하는 정신적 활동으로, 스스로 생각하는 힘을 키워준다.

내가 아는지 모르는지 분별하는 힘 | 메타인지는 내가 무엇을 알고, 또 무엇을 모르는지 정확하게 파악해 행동하며 그 결과를 예측할 수 있는 능력이다. 그런데 자신이 얼마나 아는지 모르는지 점검하기가 실제로는 말처럼 쉽지 않다. 가장 확실한 방법은 누군가에게 직접 설명해보거나 가르쳐보는 것이다. 하브루타는 혼자 하는 공부가 아니라 상대방과 함께 토론하면서 서로에게 가르쳐주는 방식이어서 자신의 학습 상태를 파악할 수 있는 메

타인지 능력이 높아질 수밖에 없다.

내 실력을 객관적으로 바라보는 힘 | 상대방의 의견이나 조언을 토대로 나를 좀 더 객관화시켜 관찰할 수 있는 능력이 생긴다. 하브루타는 상대방과 함께 의견을 나누고 토론하는 과정을 통해 자기 생각을 구체화하고, 다른 생각에 대해서는 유연한 사고를 갖게 해주기 때문이다.

내 착각을 직시하는 힘 | 많은 학생이 자기 실력을 객관적으로 평가하지 못한다. 자신의 실제 실력을 잘 모르니 시험도 막연히 잘 치르겠지 하고 기대에 부풀었다가 실망하기 일쑤다. 하브루타를 실천하면 자기가 선생님이 되어서 친구를 가르치거나 동생에게 설명하거나 부모를 이해시키는 과정에서 자신의 실력과 학습 상태를 깨닫게 되므로 공연한 기대나 착각에서 벗어날 수 있다.

질문으로 문제 해결 방법을 알아내는 힘 | 메타인지는 문제를 파악해 행동의 수정과 보완까지 포함하는 개념이다. 하브루타의 핵심은 질문이다. 질문을 통해 궁금한 것을 알아가고, 질문을 통해 성장하는 교육이다. 질문은 문제 해결을 위한 기본이며 핵심 키워드다. 질문이 문제 해결로 이어지므로 메타인지와 하

브루타가 연결된다.

학습 피라미드와 하브루타 효과

1960년대에 미국행동과학연구소(NTL, National Training La-boratory)가 효율적인 학습법을 정의하고 도식화해 보여준, 유명한 '학습 피라미드'에서도 하브루타의 공부 효과를 짐작할 수 있다. 학습 피라미드는 수업 듣기, 읽기, 시청각교육 등 다양한 방법으로 공부하고 나서 하루가 지난 후 기억하고 있는 비율을 피라미드로 나타낸 것이다.

일방적으로 설명하는 수업을 듣는 것만으로는 그 내용의 5퍼센트를, 직접 읽어보는 것으로는 10퍼센트를, 시청각교육을 통해서는 20퍼센트를, 시범이나 현장 견학을 통해서는 30퍼센트를 기억하는 것으로 나타났다. 그런데 그 내용에 대해 토론을 하면 50퍼센트, 직접 연습하면 75퍼센트, 다른 사람에게 가르치면 95퍼센트의 기억 효율을 보였다. 자신이 공부해 다른 사람에게 직접 가르치는 능동적 학습법이 가장 효과적임을 근거한다.

메타인지교육협회의 선임 연구원들은 메타인지에 관한 연구를 계속하고 있다. 학습 코칭, 진로 코칭, 독서 교육, 역사 교육, 창의 놀이 교육, 문화예술 교육, 부모 교육이 그 연구 영역이다.

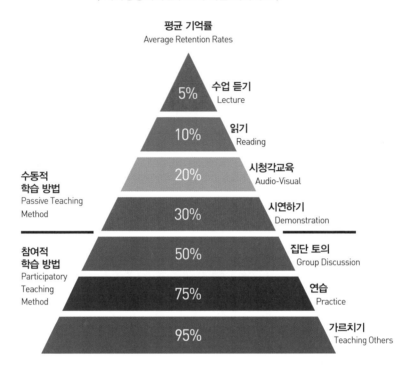

〈 미국행동과학연구소의 학습 피라미드 〉

평균 기억률
Average Retention Rates

수동적
학습 방법
Passive Teaching
Method

참여적
학습 방법
Participatory
Teaching
Method

비율	방법
5%	수업 듣기 Lecture
10%	읽기 Reading
20%	시청각교육 Audio-Visual
30%	시연하기 Demonstration
50%	집단 토의 Group Discussion
75%	연습 Practice
95%	가르치기 Teaching Others

아직 우리 연구가 초기 단계이긴 하지만, 10년간 아이들이 하브루타 교육을 통해 생각하는 힘을 키우고, 부모들이 하브루타 부모 교육을 통해 변화하는 것을 지켜보면서 메타인지 향상에 하브루타가 얼마나 효과적인지 알게 되었다. 모두가 한결같이 하브루타 교육으로 성장하는 삶을 살고 있으며 부모로서 훌륭한 길잡이가 되어주고 있다고 말한다. 사교육 없이도 스스로 공부

하고 자기 생각을 잘 표현하는 등 자기주도적인 아이들이 늘어나고 있다. 부모 또한 대화와 토론을 통해 흔들리지 않는 가치관으로 양육의 중심을 잡고 교육한다. 이것이야말로 메타인지가 높은 가정의 모습이 아닐까.

CHAPTER 4

하브루타 메타코칭이란?

상당수의 사람들이 사는 게 행복하지 않다고 말한다. 세계 각 나라 거주민들의 행복을 정량화해 행복지수로 표현한 2022년 「세계행복보고서」를 보면 146개국 중 우리나라는 59위에 불과하다. 미래 사회의 주축이 될 청년 세대의 행복지수는 더 떨어졌다. 서울시가 조사한 바에 따르면 친지·친구 관계와 가정생활, 사회생활에서 느끼는 청년들의 만족도가 2017년부터 하락하고 있다.

무엇 때문일까? 주택난, 취업난에 경제적 어려움, 빈부 격차 등 여러 이유가 있겠지만 이것들을 아우르는 하나의 이유를 찾는다면 이 모두가 '주도적이지 못한 삶'에서 비롯된다. 시간을 스스로 통제하며 이끌어가는 삶이 주도적인 삶이다. 메타인지를 높이는 하브루타는 주도적인 삶을 살게 한다. 주도적으로 살아갈 때 우리는 행복하다.

우리는 사는 동안 크고 작은 선택과 결정의 순간들을 만나고, 어떤 결정을 하느냐에 따라 인생이 달라지기도 한다. 공부도 그렇지만, 살면서 온 힘을 다해 노력해도 원하지 않는 결과가 나올 때가 있다. 그때마다 실망하고 좌절하다 보면 사는 것이 행복할 수 없다.

행복하고 성공적인 삶과 그렇지 못한 삶은 무작정 노력하는 것과 현실을 정확하게 파악한 후 문제 해결 방법을 알고 대하는 것의 차이가 아닐까. 자신이 처한 상황에 대처할 대안이 있을 때 앞으로 나아갈 수 있고, 그것을 토대로 다른 결과를 얻을 수 있다. 메타인지가 성공적인 삶에도 필요한 이유다.

직장인을 예로 들어보겠다. 기업의 속성상 자신에게 주어진 업무를 잘 해결하여 이윤을 극대화하는 것이 직장 생활이다. 직장인은 자기가 맡은 프로젝트를 진행하면서 크고 작은 문제들을 정확하게 파악하고 이윤 추구에 부합하도록 문제 해결 방법을 찾아낸다면 회사 안에서 높은 평가를 받게 된다. 어쩌면 이것이 결국 인생이 원하는 대로 잘 풀리는 과정이기도 하다. 좋은 기회가 자주 주어지고 그때마다 능력을 인정받을 수 있다면 고단하지 않은 삶을 살 수 있을 것이다.

이때 필요한 것이 하브루타를 통해 메타인지를 높이는 코칭, 즉 '하브루타 메타코칭(havruta metacoaching)'이다. '하브루타(havruta)'와 '메타코칭(metacoaching)'을 합친 말로서, 한 차원 높은 학습과 삶에 대한 동기부여, 그리고 그것을 이루는 방법을 찾을 수 있게 돕는 것을 하브루타 메타코칭이라 부르기로 하자.

하브루타 메타코칭은 유아기부터 청소년기, 즉 신체적으로도 정신적으로도 왕성하게 성장하는 시기에 절대적으로 필요하며, 또 가장 효과적이다. 그 이후는 학습과 높은 단계의 인지 훈련을 통해 삶에 적용하고 실현해가는 시기로 보면 된다.

하브루타 메타코칭이 필요한 이유

그렇다면 하브루타 메타코칭이 왜 필요할까? 앞으로 미래 인재는 메타인지가 높지 않으면 삶의 수많은 장벽을 뛰어넘기가 힘들다.

첫째, 아이에게 주어진 한정적 지식이나 단순 훈련을 통한 역량으로는 살아가기 힘들 뿐만 아니라 다양한 분야에 접근하는 데 어려움을 겪게 될 것이다. 모든 분야에서 순발력과 창의성을 요구하기 때문이다.

둘째, 아이가 어려서부터 무엇을 좋아하고 어떻게 발전시켜

왔는가가 중요한 시대다. 즉 아이가 좋아하고 잘하는 분야를 찾아낸 후 꾸준히 성장하는 과정을 경험하고 실력을 축적하여 자신만의 콘텐츠로 확보하도록 도와줘야 한다.

셋째, 아이는 객관적 평가를 통해 자기 실력을 정확하게 파악할 수 있어야 한다. 많은 사람이 자기 실력을 과대평가하거나 과소평가하곤 하는데, 이는 학습에서든 삶에서든 결코 도움이 되지 않는다. 잘하면서도 자기 실력을 의심해 불안해하고 스트레스를 받는다. 한편 자기 실력을 대책 없이 과대평가해서 큰 실패를 맛보기도 한다. 자기 문제점을 찾아내서 수정하고 보완하는 데 하브루타 메타코칭이 필요하다. 스스로 자문하여 문제가 무엇인지 발견하고 해법을 찾아내는 과정이 메타인지를 높이는 중요한 과정이기 때문이다.

하브루타 습관과 메타인지력이 저절로 키워지거나 얻어지는 것은 절대 아니다. 어려서부터 스스로 생각하고, 그 같은 자신의 생각을 논리적으로 말하는 연습을 꾸준히 해야 한다. 자신이 가지고 있는 주관적 생각이나 단편적 지식이 얼마나 객관적이고 균형적인지 상대방과 함께 토론하면서 다양한 관점에 대해 고민하고 수정·보완하는 연습을 끊임없이 해야 한다. 메타인지는 많은 정보를 접하면서 내가 얼마나 알고 모르는지 파악하여 자기 상태를 판단하는 것이며, 그 판단 결과에 따라 나에게 부족한 것들을 어떻게 내 것으로 만들지 궁리하고 성찰하는 것이다.

5단계 하브루타 메타코칭

우리는 자신의 몸과 생각에 대해 얼마나 알고 있을까? 그에 대해 관심을 가져본 적이 있긴 할까? 우리는 자신을 알아가는 것이 중요한데도 소홀히 하고, 자신의 내면 여행을 불편해하거나 대수롭지 않게 여기며 외면한다.

하브루타 메타코칭은 우리 아이들에게 최고의 효과적인 학습 방법이다. 메타코칭은 하브루타 방식으로 학습하도록 안내하는 것을 말하고 결국 이것이 메타인지를 높이는 결과를 가져오므로, 하브루타 메타코칭이 곧 궁극적인 학습 방법으로 이어지는 것이다.

메타인지교육협회는 선임 연구원들과 다양한 학습 과정에서 메타인지 효과를 높이는 방법을 찾기 위해 6개월 동안 7개 영역 (학습 코칭, 진로 코칭, 독서 교육, 역사 교육, 창의 놀이 교육, 문화예술 교육, 부모 교육)에서 연구했다. 이를 종합해 '하브루타 메타코칭 적용 5단계'로 정리했다. 이 하브루타 메타코칭 적용 5단계는 어디에든 적용할 수 있어서 학습은 물론 삶에도 지대한 영향을 미친다. 학습에 대한 흥미와 학습 결과를 장기기억에 오랫동안 저장하는 효율적 학습 과정이며, 실제 삶에도 응용할 수 있는 최고의 방법이다.

'1단계 정보 탐색'에서는 다양한 분야의 지식을 혼자 또는 협

〈 하브루타 메타코칭 적용 5단계 〉

적용 단계	과정
1단계 정보 탐색	특정 내용의 파악 및 분석 탐색 방법 – 개인, 협업
2단계 정보 통합	학습 및 문화와 사상의 공유 통합 과정 – 이해, 설득
3단계 사고 확장	사고의 확장 효과, 인지 변화 비판적 사고 – 문제 인식
4단계 적용 체화	생각의 변화, 태도의 변화 행동의 변화 – 문제 해결 방법
5단계 메타인지 생각 정리	1~4단계를 통한 생각의 전환, 수정 보완점 정리 – 쓰기(변화 방법 제시)

업으로 탐색하거나 수집한다. 탐색 과정에서 학습자가 알고 있는 것과 알지 못하는 것을 구분하는 단계다. 이때 협업을 하게 되면 자신이 미처 관심을 갖지 못한 것에 대한 정보의 폭이 넓어진다.

'2단계 정보 통합'에서는 1단계에서 수집한 정보를 분류하고 종합하면서 문화와 사상을 공유하고 지적 확장의 시작 단계에 들어선다. 서로의 생각을 나누면서 이해와 설득 과정이 진행된다.

'3단계 사고 확장'에서는 지식이나 정보를 무조건 받아들이지 않고 비판적 사고를 하면서 옳고 그름을 선택한다. 내가 이해할 수 있는 것과 이해할 수 없는 것을 구분하고, 이를 토대로 현재 나의 인지 상황에 대해 새로운 인식을 하게 된다. 다시 말하면 내 문제를 인식하는 새로운 인지를 통해 생각의 확장, 사고의 유연성 같은 긍정적 변화가 일어난다.

'4단계 적용 체화'에서는 생각의 변화가 태도의 변화, 즉 행동의 변화로 이어질 수 있도록 문제 해결 방법을 찾아내고 체화(體化)한다. 학습 과정에서 가장 중요한 단계로, 내 것으로 만드는 과정을 통해 궁극적으로 우리가 공부하는 이유를 찾을 수 있다.

'5단계 메타인지 생각 정리'에서는 지금까지 네 단계를 거치는 동안 자기 생각의 확장과 변화, 그리고 적용에 관해 정리해서 기록한다. 내 생각을 글로 써서 정리하면 논리적으로 표현하는 기본 훈련이 된다.

부모가 하브루타 메타코칭을 할 때 주의할 점

소중한 아이가 주도적으로 행복하게 잘 살아가기를 바라는 것은 모든 부모의 마음이다. 하지만 그런 간절한 바람과 달리 자신도 모르게 아이의 학습과 성장을 방해하는 부모들이 있다. 바로 부모의 조급한 마음 때문이다. 무엇이든 빠르게 습득하고 그 결과가 바로바로 나오기를 바라는 성급한 마음이 아이의 학습과 성장을 방해한다.

아이가 문제를 풀다 틀리면 수치심과 함께 자존감이 떨어진다. 부모가 자신을 어떻게 평가할지 잘 알기 때문이다. 부모도 그 같은 아이의 상태에 불안해진다. 이런 순간이 자주 발생하면 아이의 평생 학습과 자존감에 치명적 영향을 줄 수밖에 없다. 어려서 학습에 대한 트라우마가 생기면 배움에 대한 관심이 떨어지고, 결국 자신이 좋아하는 분야가 있어도 도전을 포기하게 된다.

한때 영재, 천재라는 키워드가 교육의 대명사인 것처럼 유행하던 시기가 있었다. 학교에서도 영재 프로그램을 앞다퉈 만들었고, 사교육에서는 영재라는 키워드를 넣지 않은 학원이 없을 정도였다. 모두가 천재이고 모두가 영재라는 이상한 열풍이 아이들을 힘들게 했다. 그 많던 영재는 지금 다 어디에 있을까? 영재라고 터무니없이 믿고 투자했던 부모들이 제풀에 실망하면서 아이와의 관계를 망치고, 아이가 좋아하는 것을 스스로 찾기도 전에 서로가 포기해버렸다.

영재는 일부분 타고나는 것이다. 대부분의 아이는 열심히 노력하는 과정을 거쳐야 결국 결과를 만들어낸다. 아이와 함께 메타인지를 키우는 대화법을 실천해가면서 아이가 주도적으로 살아갈 수 있도록 도와주는 것이 아이가 학습뿐만 아니라 인생에서도 성공하도록 이끄는 길이다. 아이에게 하브루타 메타코칭을 적용할 때 다섯 가지 주의할 점이 있다.

❶ 학습할 때 아이에게 충분히 생각할 시간을 준다. 아이가 잘 이해하지 못하면 시간을 더 주고 여유 있게 기다린다. 정해진 시간 안에 문제를 다 풀지 못했다고 야단치면서 가르치면 아이는 기가 죽고 자신감을 잃을 수 있다. 뭐든 빨리한다고 좋은 것만은 아니다.

❷ 아이의 학습 결과를 직접 채점하여 그 결과 하나하나에 부모가 민감하게 반응하는 모습은 부정적으로 작용한다. 틀렸다면 그때야말로 메타인지를 발휘해 진짜 학습을 할 수 있는 기회라고 반가워하면서 아이가 다시 도전하도록 응원해야 한다. 틀린 문제에 부모가 실망하거나 불편한 기색을 보이면 아이는 메타인지를 경험할 기회를 놓친다.

❸ 아이가 질문할 때마다 부모가 바로바로 답해주는 것만이 능사는 아니다. 쉽게 결과를 얻게 되면 아이에게 별 도움이 되지 않는다. 스스로 생각하고 고민하며 찾아보는 시간이 길어질수록 아이의 메타인지가 높아진다. 틀린 수학 문제를 고민하고 다양하게 접근해가면서 풀이하는 방법을 알아내는 동안 진정한 배움이 이루어진다.

❹ 아이가 시간을 쏟아서 공부를 했으니 당연히 알아야 한다는 생각은 버리자. 그 순간 알게 되었더라도 오래 기억에

남는 장기기억으로 저장됐는지는 별개의 문제다. 장기기억으로 남기기 위해서는 머릿속에 있는 것을 글이나 말로 표현해야 한다.

❺ 공부를 마치면 아이가 학습한 내용을 부모나 친구에게 설명할 시간을 갖게 한다. 다른 사람에게 가르칠 때 아는 것과 모르는 것이 분명하게 구분되기 때문이다. 자주 보고 익숙하면 뇌는 잘 안다고 착각한다. 그러나 막상 설명하려고 하면 말문이 막히곤 하는데, 이는 익숙할 뿐 제대로 알지 못하기 때문이다. 설명하기 어려운 부분은 다시 공부한다.

내가 제대로 알고 있는 것이 맞는지 확인하려면 직접 설명해보거나, 가르쳐보거나, 토론해보면 된다. 이 과정을 통해 실력을 쌓고 장기기억으로 지식을 저장하는 것이 하브루타 교육의 장점이자 효과다. 지속적으로 하브루타 교육을 하면 메타인지 능력이 높아지는 것은 의심할 여지가 없다.

"아이들이 생각하는 것을 싫어해요"라는 말을 종종 듣는다.

유대인들이 생각의 힘을 키워주기 위해

매일 아이와 대화하고 토론하는 하브루타 시간을 가진 이유는 분명하다.

생각하는 힘도 신체의 근육과 같아서

매일 훈련하지 않으면 사라지기 때문이다.

하브루타를 통해 깊이 생각할 수 있는 시간을 충분히 준다면

아이는 생각 근육을 키우고 다듬으며

자기다운 삶을 행복하게 추구할 것이다.

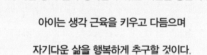

PART 2

하브루타는 어떻게
아이의 메타인지력을
키우는가?

CHAPTER 1

질문이 핵심이다

PART 1에서 살펴봤듯이 메타인지를 키우기 위해서는 질문이 중요하다. 하브루타의 핵심도 질문에 있다. 서로 질문을 하면서 토론하고 논쟁하며 자기 생각을 마음껏 펼치는 교육법이다. 이런 과정 자체가 메타인지를 높이는 방법이라는 것은 두말할 필요가 없다.

하브루타는 유대인들의 독서법에서 유래했다. 정통파 유대교 경전인 『토라』와 『탈무드』를 공부하는 방법인데, 나는 종교와 상관없이 토론 방법만 가져와서 공교육 현장과 가정에 토론하는 문화를 정착시키기 위해 노력해왔다. 하브루타교육협회 전 이사장인 전성수 교수는 하브루타와 질문의 떼려야 뗄 수 없는 관계를 다음과 같이 말한 적이 있다.

하브루타는 질문으로 시작해서 질문으로 끝난다. 질문이 좋아야 토론이 제대로 이루어질 수 있다. 질문이 좋아야 생각을 날카롭게 할 수 있다. 배움 역시 질문으로 시작된다. 인간은 배우려면 질문을 가져야 한다. 항상 의문을 가지고 질문해야 한다. 의문을 갖는다는 것은 지혜의 출발이다. 알면 알수록 의문이 생기고, 질문이 늘어난다. 그래서 질문은 인간을 성장시킨다. 유대인 엄마들은 아이들에게 어릴 적부터 끊임없이 '왜?'라는 질문을 던지게 한다. 이것이 호기심을 자극하여 창의적 사고의 틀이 형성된다는 것이다. 끊임없이 이어지는 '왜?'라는 질문은 노벨상 수상자의 30퍼센트를 배출하는 원동력이 되었다. 또 불과 600만 정도의 인구로 자신들의 20배 규모인 아랍권에 둘러싸여서도 당당히 맞설 수 있는 힘이 되었다.

모든 공부는 질문에서 시작된다

어떤 정보를 접하고 내 것으로 소화하는 확실한 방법은 스스로에게 질문해보는 것이다. 질문을 잘하는 것은 그 정보를 제대로 이해하는 데 큰 도움이 된다. 누구나 이 사실을 잘 알지만, 우리에게 질문은 여전히 낯설다. 오랜 기간 주입식 교육과 일방적인 가르침에 익숙해졌기 때문이다. 자칫 남들은 다 아는 것을 묻거나 엉뚱한 것을 물어서 창피를 당하지나 않을까 두려운 마음에 질문하기를 머뭇거린다. 외부 강연을 하러 가서 마지막에 질문 시간을 주어도 학부모들조차 망설인다. 질문하기도 어렵고, 질문을 받아도 불편한 마음부터 드는 게 사실이다.

질문에는 좋은 질문은 있어도 나쁜 질문은 없다. 다만 질문의 내용에서 그 사람이 생각하는 수준을 알 수는 있다. 아이와 짝을 이뤄서 서로 궁금한 것을 질문하고 각자의 생각을 들어보면서 자기 생각과 비교하며 다른 점을 찾아내자. 아이도 부모도 자기 생각을 수정하거나 주장하면서 사고를 확장하고 선입견을 줄여나갈 수 있다. 이것이 바로 진정한 배움이 일어나는 과정이다.

좋은 질문을 만드는 방법

전성수 교수는 『최고의 공부법』에서 질문의 다섯 가지 유형을 소개한다. 질문의 유형을 다음과 같이 분류하면 좋은 질문, 핵심적인 질문, 다양한 관점의 질문을 놓치지 않을 수 있기 때문이다. 질문을 만들 때 이를 유의하면 수준 높은 질문을 만들 수 있다.

〈 질문의 다섯 가지 유형 〉

질문 유형	질문 효과
사실 질문	내용을 정확하게 파악한다.
상상 질문	작가적 기질을 키운다.
적용 질문	자신을 알아간다.
심화 질문	세상의 중요한 개념을 체계화한다.
종합 질문	교훈을 찾거나 종합적인 평가를 한다.

이런 개념적 설명만 들어서는 감이 잘 오지 않을 수 있다. 사실 질문, 상상 질문, 적용 질문, 심화 질문, 종합 질문, 이 다섯 질문 사이에 어떤 차이가 있는지 다음 세 편의 이야기를 통해 한번 살펴보자.

먼저 우리에게 익숙한 이야기인 「선녀와 나무꾼」을 예로 들어보겠다.

아주 옛날 한 마을에 나무꾼이 홀어머니를 모시고 살았다. 어느 날 나무꾼이 부지런히 나무를 베고 있었는데 사냥꾼에게 쫓기던 사슴 한 마리가 달려와서는 살려달라고 애원했다. 나무꾼은 쌓아놓은 나뭇더미 속에 사슴을 숨겨서 사냥꾼으로부터 구해줬다.

무사히 살아난 사슴은 나무꾼에게 이 산을 돌아서 나가면 하늘 선녀들이 멱을 감는 연못이 있다고 귀띔했다. 그러고는 선녀들이 멱을 감는 틈을 타서 그중 한 선녀의 날개옷을 감추라고 했다. 하늘로 올라가지 못한 선녀를 집으로 데려와 보살피면 이내 아내가 되어줄 것이라고 말이다. 하지만 두 사람이 결혼해서 세 아이를 낳기 전까지는 날개옷을 깊이 감추고 절대로 보여주지 말라고 경고했다.

나무꾼은 연못을 찾아가서 사슴이 일러준 대로 날개옷을 한 벌 감추었다. 멱을 다 감은 선녀들이 모두 하늘로 돌아가는데 날개옷을 도둑맞은 선녀만 그러지 못한 채 울고만 있었다. 나무꾼은 그 선녀를 자기 집으로 데려와서 아내로 삼았다. 나무꾼은 선녀와 수삼 년을 보내는 사이에 두 아이를 얻었다.

선녀는 이제 아이를 둘이나 두었으니 제발 날개옷을 보여달라고 애원했다. 결국 나무꾼은 날개옷을 꺼내 와서 선녀에게 주었다. 선녀는 날개옷을 날쌔게 입더니 두 아이의 손을 잡고는 훨훨 날아서 하늘로 돌아가버렸다. 혼자 내버려진 나무꾼에게 사슴이 찾아왔다. 사슴은 연못을 다시 찾아가면 하늘에서 두레박이 내려올 것이라고 한 번 더 귀띔했다.

나무꾼은 연못으로 달려가서 두레박을 타고 하늘로 올라가 아내와 아이들을 만났다. 그렇지만 나무꾼은 홀어머니가 걱정되어 다시 지상으로 내려가고자 했다. 선녀는 천마 한 마리를 내주면서 이 말을 타고 가서 어머니를 만나되, 무슨 일이 있어도 말에서 내려 땅을 밟지 말라고 충고했다.

나무꾼은 천마를 타고 지상으로 내려와서 어머니를 만났다. 어머니가 아들이 좋아하는 팥죽을 끓였고, 아들은 팥죽이 너무 뜨거운 탓에 먹다가 말 등에 흘리고 말았다. 그러자 천마가 기겁하고 날뛰는 바람에 나무꾼은 땅바닥에 떨어지고 천마만 하늘로 올라가버렸다. 다시는 하늘로 돌아가지 못하게 된 나무꾼은 그 자리에서 닭이 되었고, 아침마다 하늘을 향해서 울부짖었다.

「선녀와 나무꾼」을 읽고서 다음과 같이 다섯 가지 유형에 맞춰 질문들을 만들어볼 수 있다.

[사실 질문]

- 사슴이 나무꾼에게 어떤 은혜를 받았는가?
- 나무꾼이 훔친 것은 무엇인가?
- 사슴은 나무꾼에게 아이를 몇 명 낳을 때까지 날개옷을 주지 말라고 했는가?
- 나무꾼이 하늘로 올라갈 때 무엇을 이용했는가?
- 천마의 등에 떨어진 음식은 무엇인가?

[상상 질문]

• 사슴은 어쩌다 사냥꾼한테 쫓기게 되었을까?

• 선녀의 옷을 훔친 나무꾼은 착한 사람일까?

• 사슴이 옷을 훔치라고 했을 때 나무꾼은 왜 거절하지 않았을까?

• 선녀와 같이 내려온 다른 선녀들은 아무런 행동을 하지 않았을까?

• 하늘로 올라오지 못한 나무꾼을 생각하는 선녀의 마음은 어땠을까?

[적용 질문]

• 나는 지혜로운 사람인가?

• 나라면 나무꾼과 달리 사슴이 시키는 대로 할 수 있을까?

• 나에게는 좋은 행동과 나쁜 행동을 잘 구분하는 힘이 있는가?

• 나의 소중한 물건이 없어진다면 어떻게 대처하면 좋을까?

• 나는 내 물건을 잃어버렸을 때 어떻게 행동했나?

• 나라면 은혜를 어떤 방법으로 갚을까?

[심화 질문]

• 사슴이 은혜를 갚는 방법에 문제는 없는 걸까?

• 사슴이 시키는 대로 행동한 나무꾼의 태도에는 문제가 없는 걸까?

• 선녀는 두 아이를 낳고 살았지만 날개옷을 보자 하늘로 올라가버렸

  는데, 나무꾼을 사랑하지 않았던 걸까?

• 아이들은 어디서 사는 게 더 행복했을까?

- 뜨거운 팥죽 때문에 닭이 되어버린 아들을 바라보는 어머니의 심정은 어떨까?
- 부모가 아이에게 이야기 속 '팥죽' 같은 행동을 하고 있지는 않은가?

[종합 질문]
- 이 이야기에서 느낀 점이 있다면?
- 이 이야기에서 배운 점이 있다면?
- 가장 공감되는 부분은?
- 내가 반성할 점이 있다면?
- 이 이야기가 말하고자 하는 교훈은?

다섯 질문들의 차이가 느껴지는가? 특히 자신을 이야기에 투영하는 적용 질문들을 토대로 내 속마음을 들여다보면서 나를 성찰하는 시간을 가질 수 있다. 「선녀와 나무꾼」의 경우에는 주도적인 삶, 생각의 힘, 은혜, 약속, 의도하지 않은 결과, 무지, 주입식 사고 같은 중요 개념을 염두에 두고 자신의 생각과 일상을 들여다보며 질문에 대한 대답을 찾아가노라면 메타인지가 높아진다. 이 같은 적용 질문을 잘 활용하면 아이의 학습과 인생의 지름길을 찾아줄 수 있다.

유대인 부모는 가정에서 유대교의 중요한 경전인 『토라』와 『탈무드』를 자녀와 함께 읽고 그 내용에 관해 대화를 나눈다. 격식 없이 자유로운 질문과 토론을 통해 세상을 살아가는 데 필요한 지혜와 개념을 아이에게 체화하는 것이다. 우리나라에서도 2012년부터 초등 교육과정에서 『탈무드』 텍스트를 많이 사용한다. 『탈무드』 중에서 「원숭이가 된 여자」를 두 번째 예로 들어보겠다. 대화와 소통의 중요성, 그리고 가족의 진정한 의미를 일깨우는 이야기다.

　　메마른 사막에 부부와 아들이 살고 있었다. 이 세 사람은 하나같이 좋은 운을 타고나지 못했다. 그들은 세상에 태어날 때와 다름없는 벌거숭이 모습으로 모래 먼지를 뒤집어쓴 채 사막을 돌아다녔다. 어느 날, 한 노인이 근처를 지나가다가 그들을 보고 소리쳤다.

　　"내일 예언자 모세님이 이곳을 지나가신다오. 그분에게 당신들을 위해 기도해달라고 간청하면 당신들의 생활이 조금 나아질지도 모르오."

　　이튿날 예언자 모세를 정말로 만나게 되었다. 그들 세 사람은 모세에게 기도해달라고 간청했다.

　　"너희는 나쁜 운을 가지고 태어났다. 그 운명은 바꿀 수가 없다."

　　하지만 그들이 계속 애원하자 모세는 그들의 가난함을 보고 이렇게 말하고는 자기 갈 길을 갔다.

"여기서 멀지 않은 곳에 샘이 하나 있다. 아침 일찍 해가 뜨기 전에 그곳에 가서 목욕을 하거라. 단, 너희 세 사람은 한 사람씩 다른 날에 목욕해야 한다. 목욕하는 동안 너희 소원이 이루어질 것이다."

이튿날 아침, 불운을 타고난 가족은 모세가 얘기한 샘으로 갔다. 누가 먼저 목욕을 할 것인가를 두고서 서로 다툰 끝에 어머니가 먼저 물속으로 들어가기로 했다. 그녀는 목욕하면서 아름다워지게 해달라고 빌었다.

샘에서 나왔을 때 어머니는 눈부시게 아름다운 여인이 되어 있었다. 바로 그때였다. 어느 고관이 마차를 타고 그곳을 지나갔다. 고관은 그 아름다움에 반하여 남편을 무시하고 그녀를 자기 집으로 데려갔다. 그녀는 아름다운 여인의 모습으로 호화로운 생활을 할 수 있게 된 것이 너무 기뻐서 어쩔 줄 몰랐다.

이튿날, 아버지와 아들은 아침 일찍 일어나서 샘으로 갔다. 아버지가 목욕할 차례였다. 아버지는 아내에 대한 분노 때문에 아내가 긴꼬리원숭이로 변하게 해달라고 빌었다. 그날 아침에 눈을 뜬 고관은 자기 옆에 긴꼬리원숭이가 자고 있는 것을 보았다. 그는 기겁해서 그 원숭이를 밖으로 내쫓았다.

긴꼬리원숭이가 된 어머니는 달리고 달려서 사막으로 돌아갔다. 그날 밤, 세 식구는 모래언덕에 앉아서 날이 새기만을 기다렸다. 사흘째 날 아침, 아들은 혼자 샘에 갔다. 아들은 목욕하면서 어머니가 원래 모습으로 돌아오게 해달라고 빌었다. 그러자 그녀는 그 자리에서 원래 어머니의 모습으로 다시 변했다. 결국 세 사람은 원점으로 되돌아간 셈이 되고 말았다.

「원숭이가 된 여자」를 읽고서 이번에도 다섯 가지 유형에 맞춰 질문들을 만들어보자.

[사실 질문]

• 부부와 아들이 사는 곳은 어디인가?

• 세 사람 중 누가 먼저 소원을 빌 수 있었는가?

• 모세는 이 가족에게 무슨 이야기를 했는가?

• 아버지는 어떤 소원을 빌었나?

• 아들의 소원은 무엇인가?

[상상 질문]

• 이 가족은 왜 메마른 사막에서 살고 있었을까?

• 어머니의 소원이 왜 '아름다운 여인'이었을까?

• 어머니는 아름다운 여인이 되고 나서 왜 고관을 따라갔을까?

• 아버지는 어떤 마음으로 아내를 원숭이로 만들었을까?

• 아들이 자신을 위해 소원을 썼다면 무슨 소원을 빌었을까?

- 누가 나에게 운이 없다고 말한다면 어떻게 대처하겠는가?

- 나에게 소원을 빌 기회가 주어진다면 무슨 소원을 빌고 싶은가?

- 우리 가족은 각자 어떤 소원을 가지고 있는지 아는가?

- 나는 가족과 대화를 많이 하는가?

- 나는 힘들 때 누구를 찾아가는가?

- 힘들 때 찾아가서 위안을 받는 장소가 있는가?

[심화 질문]

- 운이란 무엇일까?

- 운명은 바꿀 수 없는 것일까?

- 이 가족이 소원을 비는 순서를 놓고 다툰 이유는 무엇일까?

- 소원을 비는 순서가 바뀌었다면 어떤 상황이 벌어졌으리라고 예상 하는가?

- 아버지의 분노를 다른 관점에서 생각한다면 과연 아버지는 어떤 마음이었을까?

- 가족끼리 대화가 부족하면 어떤 일들이 일어날 수 있는가?

- 다시 모인 가족은 더 행복한 삶을 살았을까?

[종합 질문]

- 이 이야기의 핵심 키워드를 찾는다면?

- 가장 공감이 가는 사람이 있다면 누구인가?
- 이 이야기에서 깨닫게 된 점이 있다면?
- 이 이야기가 말하는 교훈은 무엇인가?
- 가족이 행복한 삶을 설계하기 위해 꼭 필요한 것이 있다면?

이런 질문들을 통해 우리 가족에게 이 이야기 속 상황이 벌어진다면 과연 어떻게 대처할까 토론해볼 수 있다. 자유롭게 대화하면서 이야기 속 가족과 같은 일을 겪지 않을 방법을 고민하고 해답을 찾아서 실천할 수 있다. 내가 무엇을 원하는지 탐색하고 어떻게 실현해나가야 할지 알아가는 것이 바로 메타인지가 높은 삶이다.

매년 우리 가족은 각자의 계획과 소망에 귀 기울이고 서로 응원하는 시간을 마련한다. 하브루타로 소통하는 이 시간이 자신의 삶과 성장에 얼마나 큰 도움이 되는지를 가족 구성원 모두가 절감한다. 그래서 나는 가족의 소원을 응원하며 격려하는 '하브루타 가족 워크숍'이라는 프로그램을 정식으로 개설하기도 했다. 현재 많은 가족이 참여하여 아이들의 꿈에 관심을 기울이고 응원하는 가족 문화를 만들어가고 있다.

마지막으로, 역시 『탈무드』에 나오는 「머리가 이상해진 왕자」를 읽어보자.

머리가 이상해진 왕자가 있었다. 그는 자신을 칠면조라고 생각해서 알몸으로 식탁 밑을 기어 다니거나 거기에 떨어진 빵 부스러기를 쪼아 먹기도 했다. 왕자를 치료할 방법을 찾지 못한 의사들은 낙담했고, 아버지인 국왕은 슬픔에 잠겼다.

어느 날, 한 현자가 찾아와서 자신이 왕자를 치료해보겠다고 선언했다. 현자는 옷을 벗더니 식탁 아래에 있는 왕자와 함께 빵 부스러기를 쪼아 먹기 시작했다.

"당신이 지금 무슨 행동을 하고 있다고 생각하십니까?"

왕자가 현자에게 물었다. "나는 칠면조입니다"라고 현자가 대답하자 왕자도 "나도 칠면조요"라고 응답했다.

현자는 오랫동안 식탁 밑에서 왕자와 함께 있었다. 왕자와 가까워지자 현자는 셔츠 두 장을 가져오라고 신호했다. 현자는 왕자에게 물었다.

"칠면조는 셔츠를 입을 수 없다고 누가 그러던가요? 셔츠를 입어도 칠면조는 칠면조입니다."

그래서 두 사람은 셔츠를 입었다. 그다음에 현자는 바지 두 벌을 가져오게 했다.

"칠면조가 바지를 입어서는 안 되는 것일까요?"

현자가 왕자에게 물었다. 두 사람은 속옷과 그 밖의 옷들도 차례대로 입어서 결국 옷을 전부 입게 되었다. 그 일이 끝나자 현자는 음식을 식탁 아래에 내려놓으라는 신호를 보냈다.

"맛있는 음식을 먹는 것은 칠면조답지 않은 일일까요?"라고 현자는 물었다. 한참 뒤에 "아니오!"라고 왕자가 덧붙였다. "왜 칠면조는 언제나 식탁 밑을 기어 다니지 않으면 안 되는 것입니까? 의자에 앉고 싶을 때 그렇게 하지 못할 이유가 어디에 있습니까?" 이렇게 현자는 조금씩 왕자를 치료해갔다.

당연히 「머리가 이상해진 왕자」를 읽고 난 후에도 다섯 가지 유형으로 질문을 만들어볼 수 있다.

[사실 질문]

- 왕자는 어떤 상태인가?
- 왕자를 치료한 사람들은 누구인가?
- 왕자는 어떤 단계로 치료됐는가?
- 현자가 시도한 치료 방법은 무엇인가?
- 왕자는 현자에게 무슨 질문을 했는가?

[상상 질문]

- 왕자는 왜 머리가 이상해졌을까?
- 의사들은 왜 치료 방법을 찾지 못했을까?
- 음식 부스러기를 먹고 있는 왕자를 보는 국왕의 마음은 어땠을까?
- 현자는 왕자처럼 행동하면서 무슨 생각을 했을까?

• 서서히 치료되는 왕자를 보면서 현자의 마음은 어땠을까?

[적용 질문]

• 아이가 왕자와 같은 증세를 보인다면 어떻게 할 것인가?

• 아이가 힘들다고 할 때 어떻게 위로해주는가?

• 나는 현자 같은 마음으로 아이에게 공감해주고 있는가?

• 나의 공감 지수는?

• 현자 같은 마음으로 누군가를 공감해준 적이 있는가?

[심화 질문]

• 왕자는 진짜 머리가 이상한 걸까?

• 왕자가 머리가 이상한 척했다면 그 이유는 무엇일까?

• 왕자는 자신을 대하는 현자를 보면서 어떤 생각을 했을까?

• 현자가 치료한 방법을 한마디로 표현한다면?

• 의사들과 현자의 치료 방법에는 무슨 차이가 있는가?

[종합 질문]

• 이 이야기가 주는 메시지는 무엇인가?

• 현자의 모습에서 배우게 된 상담의 중요성에 대해 말한다면?

• 타인에 대한 공감의 중요성을 얼마나 느끼는가?

• 마음이 아픈 청소년들을 주변 사람들이 어떻게 도와줘야 할까?

• 이 이야기에서 어떤 교훈을 얻었는가?

이렇듯 다양한 질문의 종류를 활용해 아이와 함께 자기 생각을 나누고 대화하는 과정을 즐겨보자. 아이는 자기 생각을 좀 더 체계적으로 정리할 수 있고 논리적인 표현력도 기를 수 있다. 늘 정답만 좇고 암기에만 익숙한 공부법에서 벗어나 생각하는 힘을 키우는 하브루타 질문법을 적극 활용하자.

나는 어떤 부모인가?

나는 아이에게 상처를 주지 않기 위해 어떤 노력을 하고 있는가?

나는 아이의 말에 경청을 잘하는 부모인가?

CHAPTER 2

토론이 아이를 성장시킨다

10년간 하브루타 독서 토론을 진행하면서 메타인지를 높이는 효과를 확실히 검증할 수 있었다. 책을 혼자 읽고 혼자 해석하고 혼자 결론을 내기보다, 누군가와 같이 읽은 후 치열한 토론을 거치며 상대방의 생각도 이해하고 받아들일 때 비판적인 사고는 물론 사고의 유연성과 확장성이 동시에 일어나는 법이다. 하브루타 독서 토론을 통해 나의 생각과 관점을 끊임없이 고민하고 검증하는 과정은 나를 정확히 알아가는 작업이다.

유대인들은 어릴 때부터 토론 문화를 접하며 토론에 익숙해진다. 가정에서, 학교에서, 일상 곳곳에서 어떤 문제를 놓고도 토론을 벌인다. 시험 기간에 이스라엘 대학 캠퍼스를 걷다 보면 여기저기 삼삼오오 모여서 시끄럽게 떠드는 소리로 가득 찬다. 우리는 어디 조용한 곳을 찾아서 혼자 공부하려고 하지만, 그들은 서로 질문하고 따져가며 공부하는 것이다. 유대인들이 대부분 토론과 논쟁의 달인인 이유가 여기에 있다. 이런 토론 문화의 효과로 성공적인 삶을 사는 사람들의 비율이 유난히 높다. 활발하게 토론을 하는 적극적 자세가 매사에 더 많은 것을 배우게 하고, 더 많은 도전을 하도록 부추기기 때문이다.

아이를 토론의 달인으로 키우는 법

토론의 꽃은 논쟁이다. 논쟁은 논제를 놓고 찬반을 나누어 자기 관점을 치열하게 설득하는 과정이다. 아이와 함께 어떻게 토론을 해야 할까?

❶ 일단 아이와 토론을 한다면 부모가 일방적으로 논제를 정하기보다 함께 읽은 책에 대해 궁금한 점들을 서로 질문하여 생각을 나누면서 논제를 찾아본다.

❷ 함께 찾은 논제가 타당한가를 토론하여 찬반을 나누고 각자의 주장을 상대방에게 설득한다. 주장을 펼치고, 반론하고, 다시 주장을 다지는 과정을 이어간다.

❸ 토론을 완료한 후 설득을 당한 사람에게는 유연한 사고에 대해 칭찬해주고, 자기주장을 관철한 사람에게는 논리적 사고에 대해 칭찬해준다. 토론은 이기고 지는 게임이 아니다. 사고의 확장을 위해 집단의 힘을 이용하는 것이다.

토론을 토대로 논리력과 설득력을 기르면 사회에 나아가 건강한 사회인이 될 수 있다. 자신의 생각과 주장을 통해 성취하고자 하는 것을 얻을 수 있다. 사회생활에서는 설득과 협상을 거쳐 자신에게 유리한 쪽으로 해결해야 할 일이 많다. 어려서부터 꾸준히 토론하는 힘을 기르는 것이 사회적으로 성공한 삶을 사는 데 기여한다.

'스토리'로 가르쳐라

중학생 독서반 수업 때 있었던 일이다. 전래동화를 읽고 그 내용 중에서 궁금한 것을 짝과 함께 얘기해보는 시간이었다. 신기한 점은 같은 텍스트를 가지고 질문을 만들어도 100명이 하든 1천 명이 하든 똑같은 질문은 없다는 사실이다. 유대인들이 3천 년 동안 "스토리로 가르쳐라"를 강조해온 이유를 알 수 있었다.

좋은 질문을 만드는 방법에 대해 얘기할 때 예로 든 「선녀와 나무꾼」을 읽고 중학교 1학년 아이가 질문을 했다. 사슴이 자기 목숨을 구해준 나무꾼에게 선녀가 목욕하는 장소를 알려주어 은혜를 갚는 대목에 의구심을 품었다.

"사슴은 어째서 자기가 노력해서 나무꾼에게 은혜를 갚으려고 하지 않나요?"

아주 핵심적인 질문이다. 나무꾼에게 생명의 은혜를 입었다면 선녀를 동원해서 은혜를 갚을 게 아니라 스스로 어떤 노력을 했어야 한다는 것이다. 도움을 받고도 잊어버리는 사람이 있는가 하면, 고마운 마음을 평생 잊지 않는 사람도 있다. 진정으로 은혜에 감사해 갚으려 했다면 다른 방법을 찾았어야 한다. 갑론을박이 있었지만, 짧은 질문 하나로 간과하기 쉬운 문제를 짚어내어 '은혜'라는 중요한 개념에 대해 깊이 생각하고, 은혜를 갚는 올바른 방법도 터득할 수 있었다.

두 번째로 이어진 질문도 새로운 생각을 일깨웠다.

"왜 나무꾼은 생각 없이 사슴이 시키는 대로 했을까요?"

선녀의 옷을 훔치는 것은 엄연히 나쁜 일인데 사슴이 시킨다고 왜 그대로 따랐는지 궁금하다고 했다. 한 아이가 대답했다.

"선생님, 아무리 친구라도 나쁜 일을 시키면 반대할 수 있어야 해요. 자칫 시키는 대로 했다가는 내 인생을 망칠 수도 있으니까요."

부모라면 한 번쯤 아이에게 "친구가 나쁜 일을 하자고 할 때 같이하면 안 돼"라고 말한 적이 있을 것이다. 이런 말만으로는 아이에게 가닿지 않을 뿐만 아니라 잔소리로 흘려듣기 십상이다. 스토리를 통해 스스로 생각하고 질문하며 깨우치게 하는 것이 아이의 실천 의지를 훨씬 강하게 끌어올리며 태도의 변화까지 뒤따르게 만든다.

아이가 흥미로워하는 분야는 무엇인가?

아이와 토론할 주제를 한 가지 고른다면 어떤 주제가 좋을까?

아이가 토론에 익숙해지도록 무엇을 도와주면 좋을까?

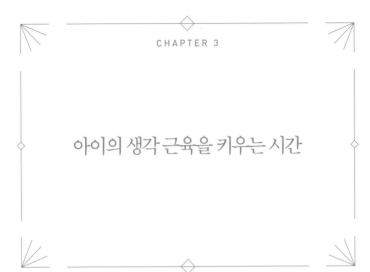

CHAPTER 3

아이의 생각 근육을 키우는 시간

학부모 대상 강연을 하러 가면 "아이들이 생각하는 것을 싫어해요"라는 말을 종종 듣는다. 세계적인 IT 미래학자인 니콜라스 카(Nicholas Carr)는 『생각하지 않는 사람들』에서 인터넷이 우리의 뇌 구조를 바꾼다고 말하면서, "인터넷이 주는 자극의 불협화음은 의식적, 무의식적 사고 모두에 합선을 일으켜 깊고 창의적인 사고를 방해한다"라고 강조한다.

인터넷뿐만이 아니다. 모든 기능이 스마트폰으로 수렴되는 시대에 아이들은 스마트폰을 신체 일부인 양 손에서 놓지 않는다. 부모들은 스마트폰 사용 시간을 줄이기 위해 늘 아이들과 실랑이한다. 인터넷이든 스마트폰이든 우리에게서 오래 깊이 생각하는 능력을 앗아가고 있다.

이런 상황에서 부모마저 아이가 생각하고 판단할 기회를 빼앗고 있는 것은 아닌지 살펴볼 필요가 있다. 어려서부터 아이에게 생각하고 판단할 기회를 적극적으로 제공하려 노력했는가? 아이가 생각하고 판단할 틈 없이 부모가 알아서 척척 해결해주지는 않았나?

유대인들이 생각의 힘을 키워주기 위해 매일 아이와 대화하고 토론하는 시간을 가진 이유는 분명하다. 생각하는 힘을 키워주기 위해 『토라』와 『탈무드』 하브루타를 통해 질문으로 생각 나누기를 하면서 세상의 중요한 개념을 익히게 했고, 또한 생활 속에서 실천하게 했다.

생각하는 힘도 신체의 근육과 같아서 매일 훈련하지 않으면 사라진다. 그러다 보면 생각 자체가 귀찮아지고, 어느 순간 생각 없이 사는 아이로 자란다.

깊이 생각할 수 있는 시간을 충분히 준다면 아이는 자연스럽게 가장 나다운 것이 무엇인가에 대해 고민한다. 몸의 근육처럼 자기 생각을 키우고 다듬으며 적용해간다면 자기다운 삶을 추구하고 행복하게 살아가는 밑거름이 된다. 아이의 생각 근육을 키우기 위해서 과연 부모는 어떤 노력을 할 수 있을까?

하루 10분 밥상머리 하브루타의 효과

갈수록 맞벌이 가정이 늘고 있어서 가족의 얼굴을 보기도 힘든 게 현실이다. 부모가 밖에서 열심히 일하는 가장 중요한 이유는 아이를 위해서일 것이다. 그러나 정말로 아이를 위한다면 하루에 10분 정도는 가족이 서로의 얼굴을 바라보면서 함께 대화하는 시간을 가져야 한다.

어떤 주제라도 상관없다. 뉴스에 나오는 사건사고도 좋고 일과 중에 있었던 일, 책이나 영상에서 접한 이야기도 좋다. 하루 일과를 마치고 저녁을 먹으면서 밥상머리에서 나눌 수도 있고, 식사가 끝난 후 편안하게 둘러앉아 나눠도 좋다. 주제를 정해놓고 서로 다른 관점에서 생각한 후 대화를 나누는 것은 아이에게 스스로 생각할 기회를 주고, 그 생각을 말로 표현하는 능력까지 키워준다.

유대인들은 하루에 최소 한 번은 온 가족이 모여 식사하며 식탁에서 하브루타를 벌인다. 우리의 밥상머리 교육과도 통한다. 이때 교육이라고 딱딱한 일방적 학습을 떠올리면 안 된다.

아이가 어릴수록 식탁에서 나누는 대화는 즐거워야 한다. 너무 진지한 분위기라면 곤란하다. 식탁의 대화를 좀 더 체계적인 가족 문화로 정착시키고 싶다면 전래동화든 이솝우화든 무겁지 않고 접근하기 좋은 스토리로 생각 나누기를 하는 것도 의미

있는 활동이다. 꾸준히 할 수만 있다면 세상의 수많은 삶의 개념에 대해 아이 스스로 생각해보게 할 수 있다.

세상은 모두 개념으로 이루어져 있다. 인생을 살아가는 데 중요한 핵심적 개념을 자신만의 언어로 체계화한다는 것은 자기 삶에 주도적으로 적응하면서 살아낼 수 있는 힘이 있다는 것이다. 우리 교육에서 가장 소홀한 부분이 개념 교육이다. 유대인들은 3천 년 동안 부모가 스승이 되어 치열한 토론을 이끌며 『토라』와 『탈무드』에 담긴, 세상을 이루고 있는 중요한 핵심 개념을 아이 자신만의 생각으로 체계화하도록 하는 데 주력했다.

개념의 체계화는 모든 학문을 할 수 있는 기초 학습 체력이 되어주기도 한다. 이 기초 체력을 바탕으로 유대인들은 다양한 영역에서 학문을 완성하거나 과학 분야의 발전에 기여하고 있다.

일주일간 일어난 일을 공유하기

그리고 일주일에 한 번씩 '가족 모임'을 정해놓고 지켜나간다. 각자 일주일간 있었던 일들을 얘기하고, 다음 주에는 어떤 일들을 계획하고 있는지 공유한다. 가족의 관심과 조언, 피드백을 받으면서 아이를 비롯한 온 가족이 성장하는 시간이 된다.

또한 일상의 대화가 아이들에게는 살아 있는 독서와 마찬가지 역할을 한다. 가족 구성원의 다양한 체험을 직접 들으면서 간접경험을 하게 되기 때문이다. 생생한 말로 주고받는 경험은 책으로 접하는 경험의 효과 그 이상이다.

작은 실패의 경험은 자주 나눌수록 좋다

특히 작은 실수나 실패의 경험은 자주 나눌수록 좋다. 아이는 시행착오를 거쳐 배운다. 리사 손 교수는 학부모들이 하는 세 가지 착각이 있는데, 그중 하나가 실패 없는 길이 좋다고 생각하는 것이라고 말한다. 많은 부모가 여기에 공감하리라. 내 아이만큼은 덜 아프고 덜 힘들게 살아가기를 바라면서 실패하지 않는 길로 인도하려 한다.

하지만 실패 없이 어떻게 배움이 있겠는가. 우리는 모두 실패를 통해 배운다. 그 경험을 적극적으로 나눈다면 미래에 아이의 문제 해결 능력을 키워줄 수 있다. 실수나 실패를 못 하게 하는 것은 그에 대한 두려움을 아이에게 심는 것이다. 그 상황을 스스로 판단하고 결정할 기회를 주면서, 아이가 실수나 실패에 겁먹기보다는 이후에 그것을 어떻게 받아들이고 배움의 기회로 삼을지 능동적으로 고민하는 시간을 갖도록 하는 게 중요하다.

아이와 대화를 나누는 시간을 따로 정해놓았는가?

우리 가족은 식사 시간에 주로 어떤 대화를 하는가?

우리 집의 대화 분위기는 대체로 긍정적인가, 부정적인가?

CHAPTER 4

말을 잘하는 아이가
부모와는 왜 대화가 안 될까?

하브루타 교육을 알리면서 공교육에서는 물론 가정에서도 대화가 절대적으로 부족한 환경을 개선하고자 노력해왔다. 부모 교육과 독서 토론 교육을 통해 부모와 아이가 대화하면서 서로에게 배우는 가정 학교, 부모가 스승이 되는 가정 문화를 만들어가는 것을 목표로 한다. 그 여정에서 변화된 가정의 모습을 숱하게 지켜봤다.

한번은 고등학교 3학년생과 그 엄마를 만났다. 내 책을 읽고 먼 곳에서 찾아왔다고 했다. 부모와는 도무지 말을 하지 않는 아들과 대화를 해달라고 부탁했다. 언제부터인지 아들이 도통 말을 하지 않으니 답답해서 미칠 노릇이라는 것이었다.

그런데 막상 아이와 이야기를 나눠보니, 질문하면 대답도 잘 하고 불편해하는 기색도 보이지 않았다. 이렇게 말을 잘하는 아 이가 부모와는 왜 대화가 안 되는 걸까? 부모와 편안한 관계를 맺지 못하고 부정적인 느낌이 가득해 무슨 말을 해도 통하지 않 는 상태가 된 것이리라.

나와 아들이 얘기하는 모습을 옆에서 가만히 지켜보던 엄마 는 "이렇게 말을 잘하면서 집에서는 왜 말을 하지 않는 거야?" 라고 물었다. 아이는 곧장 되받아쳤다. "말을 하고 싶게 만들어 야 말을 하지!"

맞는 말이다. 말을 하면 부정적인 피드백이 돌아올 것이라는 생각이 드는데 누가 말하고 싶겠는가. 집안 분위기나 대화의 흐 름이 부정적으로 고착되어 있다면 이를 바꾸기는 쉽지 않다.

고3 아들과 엄마는 단순히 부딪치고 갈등하는 상황을 지나서 험악한 분위기로 넘어가려는 순간에 나를 찾아왔다. 아이는 아 버지와는 전혀 대화가 통하지 않고, 엄마마저 자신을 이해하지 못하는 상황에서 홀로 괴로워하며 지냈다. 중학교 3학년 때 전 학을 와서 친구를 사귀기가 쉽지 않았는데 부모와의 관계마저 어긋나기 시작한 것이다.

나는 아이의 이야기를 묵묵히 들었다. 그 내용의 옳고 그름을 판단하지 않고 그저 들어주기만 했는데도 아이는 소통하고 있 다는 느낌과 자기 생각을 존중해준다는 느낌을 받은 것 같았다.

이후 세 번 정도 부모와 함께한 자리에서 대화를 나눴고, 그다음부터는 아이 혼자서 찾아왔다.

내가 한 일이라고는 아이의 이야기에 귀 기울이고 호응하며 박수 친 것이 전부였다. 그런데도 아이는 나와의 대화 시간을 무척이나 기다렸다. 어쩌면 인생에서 가장 중요한 시기인 고3이었지만, 이 시간이 그만큼 의미 있다고 여기는지 조금도 아까워하지 않았다. 아이가 자기 꿈을 구체적으로 얘기하고 그 꿈을 향해 한 걸음씩 나아가는 모습을 지켜보면서 부모와의 대화와 이해가 얼마나 중요한지 새삼 절감한 시간이었다.

어느 날 이 아이가 군대에 가게 되었다고 엄마와 함께 나를 찾아왔다. 엄마는 수줍게 꽃바구니를 내밀며 이렇게 말했다.

"선생님이 우리 가정을 살리셨어요. 고맙습니다."

관계를 악화시키는 말과 행동

부모라면 자녀를 걱정하는 건 당연하다고 생각한다. 세상 누구보다도 아이에 대한 관심과 기대, 그리고 염려를 달고 산다. 하지만 지나친 걱정은 아이와의 관계를 깰 수도 있다. 염려가 지나치면 간섭하게 되고, 간섭한 만큼 기대가 늘어서 실망하는 일이 생긴다. 결국 관계를 악화시키는 말과 행동을 하게 된다.

부모와 자녀의 관계가 건강하지 못하면 대화는 물 건너간다. 무슨 말을 해도 좋게 들리지 않는다. 서로 비수를 꽂는 말을 주고받다가 종국에는 말문도 마음도 닫아버린다. 이런 청소년기를 보내면 학습뿐만 아니라 전체 삶에 지대한 악영향을 미칠 것은 불을 보듯 뻔하다. 서로를 신뢰하기보다 지적하고 훈계하고 비난하면서 많은 소중한 시간을 흘려보내는 동안, 아이는 불안정한 부정적 심리 상태에 갇히게 된다. 그런 아이가 긍정적인 태도로 주도적인 삶을 살기란 힘들다.

부모라면 비관적인 걱정보다는 긍정적인 확신으로 불안해하는 아이를 정신적으로 붙잡아줘야 한다. 불안한 청소년기는 모두가 겪는다. 부모의 정서가 아이에게 고스란히 전해진다는 것을 알아야 한다. 부모가 불안한 시선으로 바라보면서 불신한다면 그 느낌을 아이는 정확하게 알아챈다. 아이가 불안한 요소를 가지고 있을수록 오히려 믿음과 격려와 지지를 더 보내줘야 한다. 아이는 믿는 만큼 자란다. 부모가 해야 할 역할이다.

2년 전에 미국 스탠퍼드대 신경외과 교수인 제임스 도티(James Doty)의 『닥터 도티의 삶을 바꾸는 마술 가게』를 감동하며 읽은 적이 있다. 삶에 대한 긍정적 믿음과 확신이 얼마나 중요한지 깨닫게 하는 책이었다.

주인공인 닥터 도티는 알코올중독인 아버지와 뇌졸중, 만성 우울증으로 자살을 시도하는 어머니 밑에서 불우한 어린 시절을 보낸다. 그러던 중, 동네 마술 가게에서 루스 할머니를 우연히 만나 '삶을 바꾸는 마술'을 배우고 막대한 부를 쌓은 기업가, 자선사업가, 신경의학자로 삶의 방향을 바꾸게 된다. 그 매혹적인 과정을 통해 저자는 자신이 직접 체험하여 깨달은 진실과 오랜 과학적 탐구를 토대로 인간이 어떻게 세상과 더불어 자기 꿈을 실현해나가야 하는지를 궁극적으로 전한다.

하지만 자신에 대한 믿음과 확신을 지키기가 어디 쉬운 일인가. 주변 환경의 끊임없는 자극들에 계속 휘말리는 우리는 확신하다가도 순간순간 흔들리는 경험을 한다. 그러나 어떤 어려움 속에서도 단 한 사람의 믿음과 응원이 있다면 자신이 처한 환경을 이겨내고 완전히 다른 삶을 살 수 있다는 것을 증명한 사람이 닥터 도티다.

아이의 자존감과 행복을 높이는 대화

어느 날 중학교 3학년인 남학생과 그 부모가 함께 나를 찾아왔다. 무표정한 아이와 어딘가 불편해 보이는 부모의 모습을 보면서 서로 할 이야기가 많은 것 같다는 느낌이 들었다. 다 함께 만나기 전에 아버지가 아들에 대해 나에게 한 말이 있었다.

아이가 게임을 하며 많은 시간을 죽이거나 친구들과 어울려 노는 것 외에는 관심이 없다는 것이었다. 하루 종일 집에서 게임만 하는 형을 보면서 두 동생도 게임하는 걸 당연시해 큰소리가 나지 않는 날이 없다고 했다. 동생들을 나무라면 "형은 되고, 왜 우리는 안 돼요?"라며 오히려 화를 내기 일쑤였다. 아이들이 크니까 이제 부모와 몸싸움까지 할 지경에 이르렀다면서 아버지가 고개를 푹 숙였다. 아버지는 이 악순환의 고리를 어떻게 끊을 수 있는지 눈빛으로 간절히 묻는 듯했다.

부모를 통해 아이의 이야기를 들었으니 이제 아이에게 집중해 아이의 이야기를 들어볼 차례였다.

"요즘 어떻게 지내니?"

"그냥 지내요."

"하루 중 가장 많은 시간을 어디에 쓰니?"

"주로 게임을 해요."

"아, 그렇구나. 맞아, 네 또래는 게임이 제일 재미있지. 생각보다 재미있는 일이 별로 없거든. 그런데 게임 말고 조금이라도 시간을 쓰는 게 있다면 뭘까?"

"음, 실은 랩을 연습하고 있어요."

"와, 진짜? 언제부터 연습한 거야?"

"1년쯤 된 것 같아요. 래퍼가 되는 게 꿈이에요."

나와 아이가 나누는 대화를 듣고 부모는 화들짝 놀랐다.

"뭐라고? 래퍼가 되고 싶다고? 그러고 싶은 지 1년이 다 되어

간다고?"

아이가 어떤 꿈을 꾸고 있는지, 무엇을 하며 시간을 보내는지…… 내가 채 20분도 되지 않아 알아낸 것을 부모는 전혀 몰랐던 것이다. 부모와 아이가 얼마나 대화 없이 하루하루를 보냈는지 알 수 있었다. 대화가 없으니 서로에 대해 오해하는 일이 늘어나고, 겉으로 보이는 모습에 부정적 피드백을 쏟아내며 비난만 퍼붓는 시간을 보낸 것이다.

우리는 대화를 통해 나를 표현하고 타인을 이해한다. 부모가 먼저 아이를 이해하려는 태도를 보여주면 아이는 언제든 자신의 생각과 마음을 보여줄 준비가 되어 있다. 자기 모습에 가장 불안한 사람은 누구도 아닌, 바로 자신이다. 부모가 포용력 있게 손을 내밀며 대화를 시도한다면 아이는 결국 말문을 열 것이다.

하지만 최근 설문 조사를 보면 부모와 아이의 대화 시간이 얼마나 부족한지 알 수 있다. 2021년 비상교육이 초등 학부모 교육 정보 커뮤니티인 '맘앤톡'을 통해 학부모 405명을 대상으로 '자녀와의 대화'를 주제로 설문 조사를 실시했다. 그 결과, 초등학생 자녀와 나누는 하루 평균 대화 시간을 묻는 항목에 '30분 이상에서 1시간 미만'이라는 응답이 30.9퍼센트로 가장 많았다. 30분 미만이라는 대답도 29.1퍼센트라는 만만치 않은 수치로 2위였다.

아이와 대화할 시간이 턱없이 부족한 부모가 너무 많은 현실에 놀랐다. 바쁘게 힘들여 일하면서 돈을 버는 것은 아이를 잘 키우기 위해서인데, 그러느라 정작 아이와 대화할 시간은 부족해지고 만 것이다. 아이를 잘 키우는 데는 돈만큼 대화도 중요한데, 참으로 아이러니가 아닐 수 없다.

래퍼가 꿈인 중3 아이는 이후에 나와 함께 진로를 고민하고, 자신이 작사한 내용에 대해 많은 생각을 나누었다. 다른 사람들 앞에서는 한 번도 불러본 적 없는 랩을 두 곡 연습해 와서 직접 부르면서 자신감을 찾았고 자기 랩에 대한 나의 의견도 경청했다.

그렇게 아이의 자존감을 높이는 데 1년 가까이 보냈다. 그러면서 아이는 꿈을 더 확장해 작곡을 해보고 싶다는 열정을 드러냈다. 누군가 자기 꿈에 관심을 보이고, 응원하며, 격려해준다는 사실에 스스로 무척 놀라는 눈치였다. 차츰 부모와의 소통도 편안해지면서 가정 내에서의 관계가 회복되어갔다.

많은 부모가 불안한 마음에 아이를 다그치며 비난과 지적을 일삼지만, 부모는 기억도 하지 못하는 그 사소한 부정적 한마디가 아이를 원치 않는 삶의 길로 내몬다. 더 자주, 더 많은 시간 아이와 대화하고 소통하면서 아이 안의 작은 긍정적 동기를 끌어내어보자. 바로 그것이 아이를 가장 아이다운 행복한 삶으로 이끌 것이다.

나는 아이와 얼마나 잘 소통하고 있는가?

아이의 꿈에 대해 얼마나 이야기를 나누고 있는가?

부모의 꿈에 대해서도 아이와 함께 얘기해본 적이 있는가?

아이는 부모의 적절한 질문을 토대로

일상에서 느끼고 경험하는 것들을 정리하면서

생각의 범위를 확장하고 인지능력을 키운다.

우리가 만나는 세상의 모든 것이 질문의 결과물이다.

질문은 활동과 성장의 자극제로서

자기 생각을 들여다보고 정리하는 계기가 되어준다.

즉 질문은 메타인지를 높이는 효율적 수단인 것이다.

부모는 아이에게 질문을 통해 생각하고 성장할 수 있는

환경을 만들어주기 위해 노력해야 한다.

부모의 메타인지가 높을수록

아이의 메타인지가 높다는 것은 당연한 결과다.

PART 3

아이의 메타인지는
부모에게 달려 있다

CHAPTER 1

부모의 메타인지가
아이에게 미치는 영향

　지금 부모 세대는 주입식 교육을 받은 세대다. 빠른 교육, 빠른 결과, 빠른 효과가 기대되는 주입식 교육의 장점은 경제가 급속히 성장하던 시기에는 적합한 교육이었는지 모른다. 주입식 암기 교육은 장점이 많다. 모든 학습의 기본에는 암기해야 할 것들이 있다. 배경지식을 쌓거나 기본 개념을 다질 때는 이해를 바탕으로 암기를 해야 적용으로 나아갈 수 있다. 과거의 인재는 얼마나 많은 지식을 가지고 있느냐로 판단됐다. 그때는 정보를 무한으로 공유하는 시대가 아니었으므로 지금처럼 언제 어디서나 정보를 바로 찾아서 확인할 수 없었기 때문이다.

　지금은 시대가 달라졌다. 인공지능이 등장해 여러 분야에서 변화를 일으키고 있다. 인공지능 시대를 대비하기 위해 각 분야별로 다양한 정책을 강구하는 가운데, 그중에서도 교육은 가장 빠르게 반응하고 있다. 인공지능 시대가 요구하는 인재상은 과연 무엇이고, 우리는 아이들을 어떻게 교육해야 하는지에 대해 고민하고 있다. 2020년에 울산과학기술원 김대식 석좌교수와 한국창의재단 안성진 이사장이 이 문제를 두고 대담한 적이 있다. 더 이상 암기도 계산도 필요 없다면, 이제 인간은 무엇을 배워야 할까 하는 질문에 두 분 모두 '사고력'과 '공감력'이라고 말했다.

당신은 어떤 안내자가 되고 싶은가?

컴퓨터만 켜면 어마어마한 정보가 우리를 기다리고 있으며, 클릭 한 번으로 수많은 정보를 손쉽게 들여다볼 수 있다. 책에서 필요한 정보를 얻었던 시대가 아주 먼 과거인 것처럼 세상은 빠른 속도로 변화한다. 그런 시대적 변화를 많은 부모가 미처 좇아가지 못하여 아직도 부모 세대의 교육법과 사고방식에 머물러 있다. 단순히 앉아서 잘 듣고 무작정 외우기만 바라는 공부 방식을 자녀에게 강조하는 부모들을 보면 안타깝다. 자신이 자라면서 교육받은 방식에서 탈피하여 새로운 세상에 맞는 새로운 공부법으로 자녀를 현명하게 안내하는 부모가 되어야 한다.

얼마 전 미국의 하버드대가 SAT 점수 없이도 입학생을 받겠다고 발표했다. 무슨 이야기일까? 한국의 서울대를 수능 점수 없이 갈 수 있다는 말이다. 성적보다는 아이가 무엇에 관심을 두고 오랜 기간 성장해왔는지가 중요하다는 것이다. 쉽게 말하면 성장 과정을 아이만의 포트폴리오로 얼마나 잘 보여줄 수 있느냐가 중요해졌다. 그러니 평소에 아이를 세심히 관찰하면서 충분히 대화를 나누어 아이가 자기 관심사에 집중하도록, 그 과정에서 떠오른 아이디어를 실천해 유효한 결과물이나 학문적 가능성을 보여주도록 이끌어줄 수 있다면 좋을 것이다. 부모가 어떤 안내자가 되느냐에 따라 아이 삶의 방향과 모습이 달라질 수밖에 없다.

부모부터 자신을 알아야 한다

아이들은 태어나는 순간부터 가정환경의 영향을 받는다. 부모, 형제들과 살아가면서 긍정적인 느낌과 이미지를 쌓는 것은 특히 중요하다. 가정에서 형성되는 인간관계는 아이가 자라서 사회생활을 할 때 그대로 반영된다.

아이들은 성인이 되어서 형제들과 비슷한 나이대의 사람들과 사회생활을 하고, 부모 연령대의 사람들과도 어우러져 지내야 한다. 유대인들이 가정에서 아이와 함께 생각을 나누고 작은 사회를 경험하도록 최선을 다하는 것은 곧 '사회생활 선행 교육'인 셈이다. 가정환경과 부모의 태도에 아이가 절대적인 영향을 받는 만큼, 숨쉬기처럼 자연스러운 토론을 통해 살아가는 데 필요한 중요 개념을 미리 시뮬레이션을 해본다는 것은 지혜로운 교육법이다.

나는 10여 년간 하브루타부모교육연구소를 운영하며 강연해 왔다. 하브루타 부모 교육의 목표는 부모 자신이 누구이며 어떤 삶을 살아왔는지, 자신에게 어떤 대물림 교육이 내재되어 있는지, 그것이 부모 역할을 하는 데 어떤 영향을 미치고 있는지, 본인이 현재 어떤 유형의 부모이며 어떤 생각으로 살아가고 있는지 명확하게 파악하여 건강한 나 자신으로서도, 부모로서도 바로 서는 것이다. 그 과정을 함께한 많은 부모가 자기 모습을 들여다보는 데 성공했고, 아이와의 관계도 건강하게 개선한 덕분에 아이의 삶 역시 달라지고 있다. 부모의 메타인지가 높을수록 아이의 메타인지가 높다는 것은 당연한 결과다. 그래서 아이의 메타인지를 높이고자 한다면 부모가 먼저 하브루타 메타코칭에 관심을 가져야 한다.

평소에 많은 부모를 만나는데, 대부분이 '나는 누구인가?'라는 질문 앞에서 막막해진다고 말한다. 많은 것을 알고 있으며 모르는 것은 바로바로 검색해 알 수 있는 시대이지만, 정작 자기 자신을 마주하고 설명하는 것을 힘들어한다. 어려서부터 자신을 찾아서 알아가는 여정에 능동적으로 나설 수 있다면 자기답게 주도적인 인생을 살 수 있지 않을까.

나는 누구인가?

나는 무엇을 위해 태어났는가?

나는 무엇을 할 때 가장 행복한가?

내가 가장 좋아하는 일은 무엇인가?

나는 왜 공부를 하는가?

나는 어떤 삶을 살고 싶은가?

나는 사회에 어떻게 기여하고 싶은가?

나는 어떤 삶이 가치 있다고 여기는가?

나는 무엇을 가장 소중하게 생각하는가?

『내가 아는 나는 누구인가』를 쓴 현대 독일 철학의 아이콘 리하르트 다비트 프레히트(Richard David Precht)는 질문을 던질 수 있는 능력에 대해 이렇게 말한다. "자신의 힘과 노력으로 교훈을 찾아낼 수 있는 능력을 의미한다. 스스로 교훈을 찾아서 배우는 것과 이를 즐기는 것, 바로 여기에 충만한 삶으로 들어가는 '비밀의 문'이 있다." 나를 알기 위해서는 수많은 질문을 자신에게 던지고 생각해보는 시간이 필요하다. 스스로 질문하고 대답하는 가운데, 내가 누구이며 무엇을 잘하는 사람인지 조금씩 알아가게 된다. 우리 아이들에게도 이런 시간이 절대적으로 필요하다.

아이의 메타인지를 높이는 부모의 자세

이렇듯 부모가 메타인지를 발휘하여 자신에 대해 먼저 알고 난 후에 아이의 메타인지를 높여주기 위해서는 다음과 같은 세 가지 자세를 기본적으로 갖추는 것이 좋다.

아이의 뒷모습을 보면서 걸어가라

부모에게 아이의 뒷모습을 보면서 걸어가라는 것은 생각보다 어려운 주문이다. 아이의 속도에 맞춰 걸어간다는 게 결코 쉬운 일이 아니기 때문이다. 부모의 연령대가 젊을수록 실천하기 어렵다. 젊은 부모 중에는 빨리 생각하고, 빨리 행동하며, 누구보다 빠른 결과물을 얻고 싶어 하는 이들의 비중이 높다.

아이의 속도는 너무 느리다. 걷다가 멈추어 잠시 생각하고 주변을 살피다가 걷고 싶으면 다시 천천히 걷는다. 그러다가 다시 멈추고 주저앉아서 바닥에 놓인 무언가에 관심을 쏟는다. 이때 엄마는 빨리 일어나기를 내심 바라지만, 아이는 꿈쩍도 하지 않은 채 무엇인가를 열심히 살피고 만지며 헤쳐보느라 정신이 없다. 이때 아이의 궁금증에 공감하며 같이 들여다봐주고 기다려준다면 어떨까?

작은 경험들이 모여 메타인지가 향상된다. 일상의 모든 순간을 호기심 가득한 눈으로 바라보고 직접 경험해보려는 마음을 아이가 가질 수 있도록 부모에게는 지켜보는 인내심이 필요하다. 메타인지는 경험 속에서 얻어지는 산물이다. 태어날 때부터 지니고 나오는 것이 아니라 많은 경험과 용기 있는 도전을 통해 자신을 알아가면서 얻어지는 것이다.

아이를 잘 관찰하고 좋은 질문을 자주 하라

아이를 잘 관찰하는 부모가 적절한 순간에 올바른 질문을 한다. 먼저 세심하게 관찰하지 않으면 좋은 질문을 할 수 없다. 그리고 일단 관심이 없다면 잘 관찰할 수조차 없다. 관심이 있어야 관찰할 수 있고, 잘 관찰해야 올바른 질문을 할 수 있다. 무언가에 집중하는 아이에게 부모의 적절한 질문은 아이 스스로 생각해 표현하고 싶어지는 동기가 되어준다. 아이가 자신의 느낌이나 감정, 생각을 말할 기회를 부모가 올바른 질문을 통해 끌어내야 한다.

아이는 일상에서 느끼고 경험하는 것들을 부모의 적절한 질문을 토대로 정리하면서 생각의 범위를 확장하고 인지능력을 키운다. 우리가 만나는 세상의 모든 것이 질문의 결과물이다. 세상을 이롭게 바꾸는 사람들은 질문으로 시작해서 결과물을 만들어낸다. 유명한 라이트 형제는 자전거의 형태에 관한 끝없는 질문들을 통해 비행기를 만들어냈다. 질문은 활동과 성장의 자극제로서 자기 생각을 들여다보고 정리하는 계기가 되어준다. 즉 질문은 메타인지를 높이는 효율적 수단인 것이다. 부모는 아이에게 질문을 통해 생각하고 성장할 수 있는 환경을 만들어주기 위해 노력해야 한다.

도전하는 아이에게는 아낌없는 격려를!

아이가 실수를 저질러 민망해할까 봐 지레 조심시키면서 그런 경험을 가로막는 부모가 있다. 자기 아이가 한 번도 실패를 경험하지 않았으면 하는 부모의 마음은 충분히 이해가 간다. 하지만 실패를 경험하지 않는 삶은 세상에 존재하지 않는다. 누구나 살아가는 동안 원하지 않는 일을 무수히 겪게 된다. 다시 말하면 우리는 자신이 원하는 대로만 세상을 살아갈 수 없다. 넘어진 아이가 어떻게 다시 일어나는지 스스로 터득하는 과정을 반복하면서 아이의 메타인지가 높아진다.

만점에 익숙한 아이는 그보다 낮은 점수를 받으면 자신에게 실망하여 부정적인 생각에서 벗어나기가 쉽지 않다. 자신은 똑똑하므로 실수하지 않으며 언제든지 잘할 수 있다는 과도한 자기 신뢰 때문에 오히려 부정적인 상황을 잘 받아들이지 못한다. 틀린 문제를 하나씩 해결해가면서 느끼는 만족감과 성취감이 중요하다. 그 과정에서 어떻게 하면 다음번에는 같은 실수를 반복하지 않을지 경험을 통해 알아가는 것이다.

단단하게 다져진 땅은 홍수가 나도 크게 파이거나 허물어지지 않는다. 이처럼 단단하게 성장하기를 바란다면 아이가 실수를 하더라도 부정적으로 반응하지 말고, 격려하며 응원하여 긍정적인 경험으로 이어질 수 있게 도와야 한다. 아이가 뛰어난 인재로 자라나려면 실수를 반복하더라도 나무라지 말고, 그때마다 다시 도전해보라고 독려해야 한다. 유년기에 어떤 환경에 노출됐느냐에 따라 훗날 삶의 모습이 달라질 수밖에 없다. 자녀의 실수와 실패에 지지와 격려와 응원을 아끼지 않는 부모가 가장 지혜로운 부모다.

아이의 메타인지를 해치는 부모의 말

부모의 언어 습관이 아이의 인생에 지대한 영향을 미친다는 것은 누구나 경험상 알고 있다. 부모가 무심코 던진 한마디가 아이에게 상처를 주기도 하고 무궁한 가능성을 짓밟기도 한다. 반면 따뜻한 말 한마디는 아이의 자존감을 키우고 뭐든 할 수 있다는 자신감을 불어넣는다.

부모가 습관적으로 하는 어떤 말들은 아이의 메타인지에 부정적인 영향을 미친다. 특히 아이의 행동을 수시로 억제하거나 부모가 시키는 대로만 하라고 지시하는 말이 이에 해당한다.

"하지 마!", "위험해!"

아이의 조그만 행동에도 불안한 마음에 그러지 말라는 말을 달고 사는 부모가 있다. 예를 들면 "저 골목은 위험하니까 저쪽으로는 가지 마"라며 일어나지도 않은 상황을 미리 걱정해서 금지한다.

아이가 사소한 실수조차 하지 않도록 미리미리 대비하고, 조그만 불편이라도 겪을세라 척척 알아서 준비해주는 게 과연 부모의 역할일까? 그러면 아이가 해도 되는 일, 해야 할 일과 하면 안 되는 일을 어떻게 잘 분별해가며 살 수 있을까? 사소한 실수를 하거나 불편을 겪는 경험이 늦어질수록 아이의 메타인지를 키울 기회는 사라지고 일상을 살아갈 경쟁력은 떨어진다.

"우리 아이는 엄마 말을 참 잘 들어요. 아주 착해요." "우리 아이는 시키는 대로 잘 따라오고 있어요. 감사한 일이지요." "뭐든지 엄마가 도와주면 아이가 좋아해요." 아이가 말을 잘 듣는다면서 이처럼 자랑스레 말하는 부모가 가끔 있다. 하지만 "하지마", "위험해" 같은 말을 자주 듣는 아이들은 부모가 시키는 대로만 하면 지적받거나 비난당하지 않는다는 사실을 반복 학습으로 배우는 셈이다. 그래서 스스로 생각하지 않고 부모가 시키는 대로 하는 편이 편하다고 판단한다. 아이의 메타인지에 가장 부정적인 영향을 주는 말이다.

"왜 이렇게 많이 틀려?"

아이가 초등학교에 입학하는 순간부터 유난히 예민해지는 부모들이 있다. 아이가 문제를 하나라도 풀지 못하면 "틀릴 수도 있어. 괜찮아"라고 격려하기보다는 이렇게 쉬운 문제를 왜 맞히지 못하느냐며 지적하기 일쑤다. 고학년으로 올라가는 초등 3학년부터는 한 문제도 틀리지 않게 과도한 선행 학습을 시키는 경우도 많다. 아이가 이해할 수 있는 난이도를 훌쩍 뛰어넘는 내용인데도 그저 잘 따라갈 거라고 막연히 기대한다. 그러다가 진도를 따라가지 못하면 과하게 지적하거나 민감하게 대응한다.

아이는 그런 부모의 태도에 불안해하거나 틀리면 안 된다는 강박증으로 점점 자신감을 잃어갈 수밖에 없다. 틀린 문제를 지적하고 비난하는 부모의 태도도 아이의 메타인지를 해친다. 아이가 문제를 틀리면 오히려 긍정적으로 받아들이고 다시 한번 공부할 기회가 생겼다며 반가워해야 한다. 같이 고민하며 유쾌하게 해결 방법을 찾아가는 과정이 아이의 메타인지를 높이는 기회가 된다.

공부를 잘하는 요령에서 빠지지 않는 것이 오답 노트 쓰기다. 자신이 틀린 문제를 제대로 다시 공부하면서 진정한 실력이 늘어나기 때문이다. 틀린 문제에 다시 도전하면서 그동안 몰랐던 부분을 새롭게 확실히 배울 수 있다고 아이가 생각하도록 부모가 도와주자.

"빨리 좀 해!"

우리 정서에는 뭐든지 빨리해야 한다는 무의식이 숨어 있다. 오죽하면 외국인들이 한국 사람을 흉내 낼 때 "빨리빨리!"라고 하겠는가. 물론 그것이 장점으로 작용할 때도 있겠지만, 아이의 학습에는 상당히 부정적인 영향이 크다. 문제를 빨리 해결하는 데만 집중하다 보면 단순한 문제는 쉽게 해결되지만 조금만 심화된 문제로 넘어가도 인내력을 발휘하기가 어렵다. 그러다 보면 결국 포기하게 되고, 학습에 대한 자신감을 잃는다.

'나는 수학을 못하는 아이야. 빨리 풀지도 못하잖아.'
'나는 말을 잘하지 못해. 빨리 대답을 못 하잖아.'
'나는 머리가 나쁜 아이야. 엄마가 매번 그렇게 말했어.'

하지만 한 문제를 붙들고 오랫동안 고민하면서 해결될 때까지 팽개치지 않고 씨름하다가 결국 풀어냈을 때 학습 능력의 발전을 기대할 수 있다. 특히 부모의 이해도로 바라보면서 문제를 빠르게 이해하지 못하는 아이에게 부정적인 말을 쏟아내는 경우가 있는데, 이는 부모의 이해력과 아이의 이해력에 차이가 난다는 것을 인지하지 못한 채 아이의 부족한 문제 해결 능력에만 주목하기 때문이다. 이런 상황이 반복되면 아이는 자신감을 잃고 자존감마저 무너져 내리니 주의하자.

"왜 그렇게 답답하니?"

아이와 부모의 이해력은 당연히 그 수준이 다르다. 그런데도 부모는 아이가 자기 말을 이해하지 못할 때 답답해하며 비난하곤 한다. "이렇게 쉬운 말도 이해하지 못하면 어쩌자는 거니?"라고 얘기하며 한숨까지 보태면 아이는 주눅이 들고 기가 죽기 마련이다. 머리로는 어린아이의 이해력이 한참 떨어진다는 사실을 잘 알지만, 실제 상황에서는 습관적으로 타박하거나 무의식적으로 닦달하는 것이다. 부모는 인내심을 가지고 아이가 차근차근 이해해낼 기회를 줘야 한다. 경험에서 배우고 깨닫는 시간을 주면 아이는 정서적인 편안함 속에서 학습에 자신감을 가질 수 있다.

"시키는 거나 잘해"

아마도 부모들이 가장 많이 하는 말이 아닐까. 아이에게 꼭 필요한 모든 것을 자신이 관리해야 하고, 또 관리할 수 있다고 확신하기 때문에 이런 말을 하곤 한다. 내가 시키는 것만 잘해도 아이의 인생은 성공할 것이라 믿는 것이다. 그런데도 아이가 시원찮게 반응하면 "엄마가 더 많이 알아? 네가 더 많이 알아?"라며 더 몰아붙인다. 하지만 아이는 이런 부정적인 말에 당연히 화를 내거나 상처를 받는다.

물론 어린 자녀보다 부모가 여러모로 경험이 더 많고 지적 수준도 높지만, 그렇다고 아이의 모든 것을 관리하며 부모가 시킨 대로만 하라고 하면 아이가 어떤 어른으로 성장하게 될지는 미루어 짐작할 수 있다. 타인의 지시가 아니라 자기 생각으로 판단하고 결정하며 실패하는 경험도 해야 아이는 성장하고 지혜를 쌓는다. 부모의 지나친 간섭은 아이에게서 스스로 생각할 기회와 건강하게 성장할 동력을 빼앗는다. 아이가 스스로 판단하면서 성공과 실패를 반복하는 경험을 많이 쌓도록 도와주는 것이 부모의 지혜로운 자세다.

나는 아이와 대화할 때 끝까지 들어주는가?

아이가 고민을 자주 말하고 부모의 의견을 구하는가?

아이가 실수했을 때 나는 주로 어떻게 대응하는가?

CHAPTER 2

아이에게 메타인지를 허하라

사실 메타인지 자체를 누가 키워줄 수 있는 것은 아니다. 자신이 생각을 통제하고 조절하고 확장하는 과정을 경험하는 것이다. 아이 스스로 발견하고 키워나가도록 부모가 메타인지를 높이는 환경을 조성해줄 수 있을 뿐이다.

메타인지는 하나의 지식을 인지하는 것에서 출발하는데 그렇게 인지한 지식에 대해 자신이 어느 정도로 이해하고 확신하는지 다시 인지하는 능력이다. 여기에 더하여, 자신을 정확하게 파악한 후 자신이 잘 모르는 것은 어떻게 수정 및 보완을 할지 판단하는 문제 해결 능력까지 포괄한다.

메타인지 최대의 난제는 '착각'에 있다. 모든 것을 안다고 믿거나, 자신이 모르는 게 있다는 생각 자체를 하지 못하는 상태는 메타인지가 아예 없는 상태다. 다 이해했으므로 모르는 게 없다고 판단하는 착각이 결국은 학습에서도 일상의 삶에서도 크게 문제가 된다.

부모의 **착각이** 아이의 **메타인지를** 방해한다

학습에서 착각은 매우 조심해야 하는 부분이다. 나의 현재 상태, 즉 내가 얼마나 정확하게 아는지 파악이 안 되면 자신은 모두 알고 있다는 믿음으로, 자기 실력을 더 보완해 튼튼하게 다지는 노력을 하지 않게 된다.

쉬운 예로 수학을 들 수 있다. 나는 학부모 대상의 강연장에서 이따금 "중고등학교 때 수학을 아주 잘하신 분, 손을 한번 들어보시겠어요?" 하고 물어본다. 그러면 손을 드는 사람이 5퍼센트도 채 안 된다. 그만큼 수학이 어렵고 재미없는 과목이라는 게 증명된다. 하지만 나머지 95퍼센트의 사람들도 그 시절에 선생님이 설명할 때부터 잘 모르겠다고 말하지는 않았을 것이다. 수업 시간에 선생님의 논리적 설명을 들으면 당연히 안다고 생각되지만, 시간이 지나서 수학 시험을 보면 사정이 완전히 달라진다. 참담한 결과에 실망한 채 원인을 파악하지 못하고 포기하여 수포자가 될 수 있다.

왜 그럴까? 듣기만 해서는 내가 제대로 이해해 알고 있는 부분과 알지 못하는 부분을 구별하지 못하기 때문이다. 이를 정확하게 파악하기 위해서는 여러 번 말했듯이 누군가에게 설명하거나 가르쳐주는 과정이 제일 효과적이다. 적어도 틀린 문제를 스스로 반복해 풀어보고 실패하면서 해결해가는 과정을 경험해야 자신이 어느 부분을 몰랐는지 알 수 있다. 아무리 수업을 듣고, 동영상 자료를 보고, 책을 읽는다고 해도 스스로 소화하지 못하면 다 불필요한 일일 뿐이다.

부모의 태도를 보면서 아이가 착각을 하기도 한다. 부모의 지나친 기대는 아이를 늘 불안하게 한다. 그 기대에 못 미칠까 봐 자신이 잘하고 있음에도 스스로를 과소평가하는 것이다. 불안정한 심리는 자신감을 떨어뜨리고 결과에 악영향을 미친다.

반대로 "우리 딸, 머리 좋은데!", "우리 아들 천재네", "아구, 잘했어. 역시 만점이네!", "우리 아들, 못하는 게 없구나" 같은 부모의 과도한 칭찬도 아이가 자신을 정확히 바라볼 수 없게 만든다. 아이가 실제로는 잘하지 못하는데도 '이번에는 실수한 거야. 나는 다 아는 문제였어'라고 자기 실력을 과장해 착각하게 되는 것이다. 교과 공부에서든 나중에 성인이 되어서든 실패할 확률은 자신을 제대로 파악하지 못하는 낮은 메타인지에서부터 싹튼다.

아이의 **능력**을 **신뢰한다는** 것

많은 부모가 불안하고 조급한 마음에 아이를 학원에 보내지만, 이는 아이의 메타인지 향상에 역행하는 일이다. 사교육의 도움으로 큰 어려움 없이 빠르게 학습하면 당장의 시험 성적은 좋을지 모른다. 그러나 메타인지 면에서 본다면 그런 아이들은 결국 어려움에 직면했을 때 그것을 해결하려는 힘을 발휘하기보다 피하려 하거나 좌절하는 경우가 많다.

메타인지는 부모가 아이의 선택과 도전을 믿고서 스스로 문제를 해결하도록 기다려줄 때 키워지는 능력이므로 무엇보다 아이를 향한 부모의 신뢰가 중요하다. 아이의 실수에 부정적인 피드백을 하지 않고, 실수를 거쳐 성장하는 힘이 아이에게 충분히 있음을 믿어주면서 같이 고민해주자. 좌절의 시간이 아닌 성장의 시간이 되도록 응원하는 부모의 태도에서 아이는 정서적인 안정감을 되찾는다. 부모가 제대로 신뢰하면 아이의 자존감이 높아지고, 높아진 자존감은 불안감 없이 안정된 정서와 자신에 대한 믿음으로 선순환이 이루어진다.

부모의 신뢰를 토대로 자존감이 높은 아이들은 낮은 평가에 기분이 좌지우지되지 않는다. 흡족하지 않은 결과에 실망감이야 들겠지만, 높은 메타인지를 사용하여 스스로를 재평가하고 조절하는 힘을 더하면서 얼마든지 그 같은 결과를 바꿀 수 있다는 것을 알기 때문이다. 메타인지력이 뛰어난 아이들은 많이 틀려봐야 자신에게 부족한 공부를 보충하고 고민하면서 결국에는 해결해내는 문제 해결 능력을 찬찬히 키워나갈 수 있음을 안다.

아이의 메타인지를 높이는 가정환경

여기에 아이의 메타인지를 높이는 가정환경을 구축하는 것이 중요하다. 이는 유대인 부모들에게서 배워볼 만하다. 통계에 따르면 전체 노벨상 수상자 중 유대인의 비중이 30퍼센트에 달하는데, 노벨 경제학상은 무려 42퍼센트나 유대인이 차지했다. 이렇듯 유대인에게서 유독 뛰어난 인재가 많이 배출되는 까닭은 무엇일까? 많은 기관에서 내놓은 연구 결과에 따르면 유대인의 가정 문화가 크게 기여했다. 유대인의 어떤 가정 분위기와 문화가 아이들의 메타인지를 높이는 환경이 되어주는지 크게 세 가지로 요약할 수 있다.

부부 사이가 좋을수록 아이의 사고력과 자존감이 높다

첫째, 유대인 부모들은 대개 화목하다.

미국 뉴욕대학교와 노스캐롤라이나대학교의 조사에 따르면, 부부의 몸싸움을 자주 목격한 만 5세 이하의 아이들은 감정 제어 능력이 현저히 부족한 것으로 나타났다. 부모가 불화하는 경우 아이의 외적 모습이 변한다는 연구 결과도 있다. 행복한 부모 슬하에 성장한 여학생의 얼굴은 호감형인 것으로 나타났다.

부모가 서로 친밀도가 높으면 아이는 정서적으로 안정감을 느끼며 자신 있게 생각하고 행동할 수 있다. 하지만 부모의 사이가 나쁘면 아이는 두 사람의 상태를 살피느라 눈치를 보게 되고 행동은 위축될 수밖에 없다. 또한 낮은 자존감과 불안한 심리로 인해 주변인들과 갈등을 야기하면서 대인 관계에서도 어려움을 겪게 된다.

부모의 상태가 안정적일 때 아이는 자신의 생각이나 행동을 자연스럽게 표출하고, 쉽게 비난받지 않을 거라는 믿음을 갖는다. 그러면 아이는 자신감과 자존감이 높은 긍정적 어른으로 성장할 확률이 높다. 부모를 신뢰하면서 정서적인 안정을 이룬 아이는 건강한 사회인을 넘어서 뛰어난 인재로 성장할 수 있다.

권위적인 부모는 아이의 말문을 막는다

둘째, 유대인 부모들은 부모의 권위를 내세워 아이가 무조건 순종하도록 억누르지 않는다.

부모가 권위적이면 아이와 솔직하고 자연스러운 대화 분위기를 조성하기가 힘들다. 전통적인 가정의 이미지를 떠올리면, 아버지는 과묵하고 근엄한 표정으로 자녀들과 이야기를 많이 나누지 않는다. 기성세대 중에는 부모에게서 따뜻한 말 한마디 들어보지 못했다거나 아버지와 단둘이 이야기를 나눈 기억이 전혀 없다는 사람이 흔하다. 권위적인 부모는 아이와 대화하려 해도 분위기가 경직되고, 그로 인해 진정한 대화가 어려워진다.

아이들은 살아가는 방법을 대부분 부모와의 관계에서 배운다. 대화법 역시 그렇다. 서로 배려하며 다정하게 대화하는 방법을 배우지 못하면 사회에 나가서 어려움을 겪는다. 주위를 둘러보면 그런 사례를 어렵지 않게 찾을 수 있다.

권위적인 부모로 인해 가정에서 원활한 소통을 하지 못하고 자란 아이는 낮은 자존감으로 소극적으로 살아가게 된다는 사실을 기억하자. '권위'와 '권위적'은 차원이 다른 개념이다.

상대방의 진정한 존중을 이끌어내는 권위는 차갑지 않다. 겉모습만으로라도 존중을 받으려는 권위적 부모는 아이를 지나치게 통제하면서 무조건 따르라고 강요한다. 하지만 강요하지 않아도 아이가 스스로 따르고 존경하는 것이 올바른 권위다. 부모가 애정 어린 자세로 솔직하게 대화하며 아이가 스스로 옳은 행동을 하도록 강요 없이 이끌 수 있어야 부모의 권위가 진정으로 살아나고 아이의 메타인지가 높아진다.

잦은 스킨십으로 사랑을 듬뿍 전한다

셋째, 유대인 부모들은 아이와의 스킨십에 조금도 인색하지 않다.

아이가 행복감을 느끼며 정서적으로 건강하게 자라기를 바란다면 일상에서 따뜻한 느낌의 스킨십을 부모와 자주 나눠야 한다. 머리를 부드럽게 쓰다듬거나 포근하게 안아주면 아이는 사랑받고 있다고 느낀다. 부모에게서 사랑받고 있다는 믿음을 통해 건강한 애착 관계를 형성하는 것은 성인이 되어서 성공적인 인간관계를 맺는 데 가장 기본적인 요소다. 또한 아이가 높은 자존감으로 적극적이고 도전적인 삶을 살아가는 데도 중요한 역할을 한다.

두뇌가 가장 활발하게 발달하는 영유아기, 특히 생후 3년까지는 부모의 스킨십이 결정적인 영향을 미친다. 그때 충분한 스킨십이 이루어져야 아이가 정서적으로 안정되어 타인과의 소통을 두려워하지 않고 사회 구성원으로서 원활한 사회 활동을 하며 살아갈 수 있다.

나는 얼마나 기다려주는 부모인가?

아이가 스스로 하도록 기회를 주는 편인가,
아니면 바로 도와주는 편인가?

아이가 토론에 익숙해지도록 무엇을 도와주면 좋을까?

CHAPTER 3

아이를 위한 최고의
하브루타 메타코칭 선생님

2020년에 갑작스럽게 발생한 코로나바이러스감염증-19로 우리 일상에 많은 변화가 생겼다. 언택트(untact)를 요구하는 상황이 늘어나면서 원격 근무, 온라인 수업 등 새로운 환경에 적응해야 했다.

특히 등교하지 않는 날이 증가하면서 공교육이 제 역할을 다하지 못할 수밖에 없는 현실에 직면했다. 부모가 집에서 선생님 역할까지 떠맡아야 하는 일이 벌어진 것이다.

코로나 팬데믹 초기에는 이런 현실에서 얼른 벗어나 아이가 학교에 가는 날이 오기를 학수고대하며 버텼다. 그런데 한 달이 두 달이 되고 어느새 2년이나 훌쩍 지나는 동안, 푸념만 하던 부모들이 집에서 아이와 보내는 시간을 어떻게 잘 활용할 것인지 고민하기 시작했다.

기나긴 팬데믹 시대에는 부모의 대처 방법에 따라 정서와 학습은 물론 습관 교육에서도 아이들은 차이가 날 수밖에 없다. 팬데믹 이전에는 아이의 학습을 도와주기 위해 주로 사교육의 힘을 빌렸다. 하지만 등교와 대면 수업이 줄어들면서 공교육과 사교육의 역할이 모두 줄어든 상황에서는 부모의 역할이 엄청나게 중요해지기 때문이다.

유치원, 초등학교, 중학교는 정서적·학습적·문화적 부분에서 기초를 세우는 시기다. 튼튼한 집을 지으려면 기초공사를 잘해야 하듯이, 긴 공부 여정의 초반에 기초를 제대로 닦아야 하는 것이다. 나는 부모로서 이 시기를 어떻게 안내하고 있을까, 한 번쯤 돌아보자. 지금도 늦지 않았다. '지금부터'가 가장 빠르다는 말도 있지 않은가.

유대인 부모는 어릴 때부터 자녀와 질문하고 토론하면서 평생의 영성과 인성, 그리고 창의성을 키워주는 스승으로 기꺼이 나선다. 지금부터 하브루타를 통해 10년을 공들여 정서적·학습적·문화적 기초를 튼튼히 해주면 아이의 100년이 행복하다. 100세 시대에 꼭 필요한 교육이 하브루타다.

부모, 100명의 스승보다 나은 한 명의 스승

유대인들은 3천 년 전부터 "가정은 첫 번째 학교이고, 그 첫 번째 학교의 스승은 부모이며, 첫 번째 제자는 자녀다"라는 생각을 실천해왔다. 유대교 안에서 『토라』와 『탈무드』로 끊임없이 토론하는 가정교육을 통해 아이가 삶의 지혜를 다양한 사례와 방법 속에서 찾을 수 있도록 길잡이 역할의 스승을 자처했다. 세상의 수많은 개념을 부모의 시행착오와 경험, 그리고 신앙을 토대로 설명하면서 아이가 체화하도록 도와줬다.

부모가 스승의 역할을 하려면 일단 부모와 자녀의 관계에 신뢰가 자리 잡아야 한다. 어떤 상황에서도 아이가 훌륭한 길잡이로서 부모를 믿고 따를 수 있어야 한다. 가정이 바로 서고 가족 안에 이런 신뢰가 구축되면 가족 구성원 모두가 성공적인 삶을 꾸려갈 수 있다. 유대인들은 유난히 세계적으로 이름을 알린 인물이 많은 이유를 그들의 부모에게서 찾기도 한다.

유대인은 나라 없이 세계 각지를 떠돌면서 의지할 것은 오직 자신의 머릿속에 든 지혜와 지식밖에 없다고 생각했다. 그래서 자녀교육을 최고의 가치로 삼는다. 『토라』의 다섯 번째 부분인 「신명기」에서도 "집에서 쉴 때나 길을 갈 때나 자리에 들었을 때나 일어났을 때나 항상 자녀에게 부지런히 가르쳐라"라고 이른다. 부모의 역할 중 자녀를 가르치는 것이야말로 신에 대한

125

의무라는 것이다. "밖에 있는 100명의 스승보다 한 명의 아버지 스승이 낫다"라는 『탈무드』 격언은 부모의 역할을 다시 한번 되새기게 하는 말이다.

유대인들은 아이의 정서 교육에는 엄마가 더욱 관심을 가졌고, 아빠는 『토라』나 『탈무드』를 아이와 같이 읽고 대화하며 토론하는 자녀교육에 더욱 신경을 썼다. 자녀교육에 부모 모두의 관심이 필요한 것이다. 일이 바쁘다는 핑계로 부모 중 어느 한쪽이 도맡는다면 올바른 가정교육이 이루어지기 힘들다. 아버지의 역할과 경험에서 배우는 것과 어머니의 역할과 경험에서 배우는 것이 따로 있다.

많은 사람이 인정할 만큼 성공적인 삶을 사는 분들이 언론이나 방송에 나와서 으레 하는 이야기가 있다.

"어머니는 저를 이해하고 끝까지 믿어주셨습니다. 저에게 부모님은 삶의 멘토이자 스승입니다."

혹은 "저의 큰 실수에도 부모님이 사랑으로 품어주시고 용서해주셔서 지금의 제가 있습니다. 그때 이해받지 못했다면 지금처럼 부모님과의 관계가 좋을지는 의문입니다"라고 말하는 사람도 있다.

이런 사람들이 우리 아이라면 부모는 얼마나 큰 감동일까.

부모가 진짜 스승이 될 수 있는 순간

어느 날 새벽, 메시지 알림 소리에 잠을 깼다. 모르는 사람에게서 장문의 메시지가 와 있었다.

하브루타부모교육연구소 카톡 단체방에는 800명이 넘는 분이 참여하고 있다. 그중 한 분이 보낸 메시지인 듯했다. 초등 6학년 아들이 부모 모르게 두 동생의 저금통과 자기 저금통에 든 돈을 오랫동안 몰래 꺼내서 게임 머니로 다 썼다는 것이다. 한두 번 한 행동이 아니라, 상당 기간 부모를 속인 채 착한 얼굴을 하며 지냈다고 한다. 그동안 착한 아이라 믿었던 배신감과 함께 우리 아들이 어떻게 이런 일을 할 수 있나 하는 실망과 분노가 뒤섞여 잠을 못 이루다 조심스럽게 보낸 글이었다. 이 아이를 어떻게 대해야 하는지 묻는 마지막 질문에 그 막막한 심정이 배어났다.

부모들은 대부분 이런 경우에 다음과 같은 반응을 보인다.

"나는 그런 적이 한 번도 없는데 내 자식이 이런 행동을 할 줄이야 꿈에도 생각을 못 했다."

"어떻게 나쁜 짓을 하면서 부모 얼굴을 매일 똑바로 볼 수 있었는지 그게 더 화가 난다."

아이에게도 부모의 이런 감정을 여과 없이 쏟아낸다.

"착한 아이라고 철석같이 믿으며 살았는데 네가 이렇게 배신하다니!"

"우리 집안에 너 같은 아이는 처음이다. 엄마, 아빠는 살면서 나쁜 짓을 한 번도 한 적이 없어."

아이가 실수하고 잘못했을 때 부모는 어떻게 반응하고 가르쳐야 할까? 부모들은 학교에서 아이의 실수를 너그럽게 이해해준 선생님에게는 감사하면서도 정작 자신은 부모로서 아이를 포용해주지 못한다.

나는 절망에 빠진 채 어쩌면 좋을지 몰라 밤잠을 설친 엄마에게 부탁했다. 아이에게 먼저 사과하면서 무엇을 잘못했는지 알려주라고 말이다.

"미안하다. 엄마가 너무 늦게 알았구나. 그동안 너는 얼마나 힘들었니? 얼마나 마음을 졸이며 지냈니? 엄마가 빨리 알았더라면 덜 힘들었을 텐데 미안하구나. 정말 미안하다."

그러자 혼이 나고 비난받을 줄 알았던 아이는 뜻밖의 사과에 목 놓아 울면서 잘못했다고 말했다. 비난 섞인 훈육이 아니라 감동적인 훈육으로 전보다 더 나은 부모와 자녀의 관계가 되었다.

잘못에 대한 비난의 강도가 세질수록 부모는 더 도덕적인 사람이 되고 아이는 너무나 형편없는 사람으로 전락한다. 청소년 시기에 누구나 한 번쯤 실수할 수 있는 일을 어떻게 풀어가느냐에 따라 아이와의 관계가 좀처럼 돌이킬 수 없어지기도 하고, 훨씬 돈독해지기도 한다. 부모가 진짜 스승이 될 수 있는 순간이다.

부모는 어떤 스승이 되어줘야 할까?

'최고 명강사', '일타 강사'라고 하면 사교육 현장을 먼저 떠올리지만, 우리 집에도 명강사가 있다. 무슨 말인가 싶겠지만, 부모야말로 아이에게 가장 좋은 스승이다. 아이는 부모를 보고 배운다. 그렇다면 부모는 어떤 것들을 잘 안내하는 명강사가 되어야 할까?

첫 번째, 아이와의 애착 관계를 잘 형성해야 한다. 애착이란 양육자나 특별한 사회적 대상과 형성하는 친밀한 정서적 유대를 의미한다. 성장기에 부모와 얼마나 양질의 애착 관계를 맺느냐가 이후 대인 관계의 질을 좌우하며, 그에 따라 자신에 대한 생각도 긍정적으로 혹은 부정적으로 형성된다.

이처럼 부모와의 애착은 아이의 인생 전반에 영향을 미치는 중요한 요소다. 건강한 애착 관계가 바탕이 되어야 안정적인 정서에 자존감 높은 아이로 성장한다. 학습에서도 자존감이 높아야 뛰어난 문제 해결 능력을 보일 수 있다. 건강한 애착 관계는 부모가 충분한 관심을 기울이고 아이의 욕구에 적절히 반응해 주며 따뜻한 보살핌을 제공할 때 굳건하게 형성된다.

TV 프로그램 중에서 침묵 예능을 표방하며 인기를 끈 〈아이 콘택트〉가 있었다. 눈맞춤을 통해 서로의 진심을 전하는 콘셉트였다. 우연히 애착 형성에 실패한 부자의 사례를 보게 되었다.

서른두 살 청년과 나이 지긋하신 아버지가 나와서 말없이 눈맞춤을 했다. 성인이 된 아들과 가까워지기 어려운 이유를 모르겠다고 아버지가 답답한 마음에 신청한 것이었다. 아버지와 아들 사이인데도 서먹한 분위기가 화면 밖으로 전해졌다.

아버지는 아들과 친해지고 싶어서 평생 나름의 노력을 해왔는데 아들이 곁을 주지 않았다. 나중에 아들은 그 이유를 밝혔다. 아버지가 아들에게 큰 잘못을 하지는 않았지만, 단 한 번의 사건이 아들로 하여금 아버지와의 관계를 지금처럼 설정하도록 해버린 것이다.

초등 저학년 때 놀이터에서 아들과 다른 아이들 사이에 작은 다툼이 벌어졌다. 그때 상대 아이들은 여러 명이었고, 그 엄마들도 함께 있었다. 아들은 어쩐지 분한 기분에 집으로 돌아와서 아버지에게 하소연했는데 오히려 잘못한 일도 없이 크게 야단만 맞고 말았다. 그 순간 아들은 방에 들어가 베개를 뜯으면서 '아버지에게 절대 기대지 말아야지'라고 결심했다고 한다. 내 편이 되어줄 거라는 기대가 깨지면서 분노가 아들의 마음 깊숙이 자리 잡았다.

어린 시절의 작은 사건이 아버지와의 애착 관계를 깨트리고 성장기 내내 서먹하게 지내도록 한 것이다. 아버지는 그제야 이유를 알고 눈물을 훔쳤다. "몰랐다, 그 일이 그렇게 너를 아프게 한 줄은 꿈에도 몰랐다. 미안하다. 정말 미안하다." 애착은 지속적인 관심과 보살핌으로 형성되지만, 단 한 번의 상처가 그것을 물거품으로 만들기도 한다는 것을 보여주는 사례였다.

두 번째, 함께 책을 읽고 질문을 통해 서로의 생각을 나누는 하브루타를 열심히 실천하는 가정을 만들어야 한다. 부모가 독서 토론 명강사로 나서는 것이다.

문이과 통합 선발을 하는 대학입학전형에서 가장 중요한 핵심은 아이의 독서력이다. 문과 성향의 아이가 이과 공부를 해야 하며, 이과 성향의 아이가 문과 공부를 해야 한다. 자기 성향에 맞지 않아도 공부해야 하는 과목들을 잘 이해하고 따라가려면 기초 학습 체력을 다져주는 독서가 바탕이 되어야 한다.

온 가족이 평소에 꾸준히 책을 같이 읽고 서로의 생각을 나눈다면 사고를 확장하고 다양한 관점으로 사물을 보는 힘을 키울 수 있다. 혼자만의 독서나 공부를 통해서는 한 가지 관점만을 익히게 되지만, 하브루타를 통해 다른 사람과 토론하는 과정에서는 나와 다른 시각을 알게 되고 내 생각을 좀 더 입체화할 수 있다. 또한 비판적 사고로 자신과 다른 의견을 가진 사람과 토론하면서 설득하고 설득당하는 과정을 즐길 수 있게 된다.

세 번째, 이번에는 아이가 우리 집 명강사가 되도록 이끌어야 한다. 메타인지가 가장 활성화될 때는 직접 설명하고 가르칠 때다. 누군가에게 설명할 때 자신이 아는 것과 모르는 것을 분명히 알게 되고, 어떻게 설명하면 쉽게 가르칠 수 있을까 고민하는 시간이 많아질수록 결국은 자기 실력이 좋아진다. 누군가를 가르치기 위해 공부하는 것과 자신만 알기 위해 공부하는 것에는 자세부터 큰 차이가 있다. 설명할 기회, 표현할 기회, 그리고 가르쳐볼 기회가 주어진다면 아이도 멋지게 설명하는 명강사가 될 수 있다.

만약 동생이 있다면 동생에게 자신이 매일 공부한 내용을 가르쳐보는 경험이 자연스럽다. 지식에는 두 가지 형태, 즉 '말로 설명할 수 있는 지식'과 '말로 설명할 수 없는 지식'이 있다. 둘 중에서 '말로 설명할 수 없는 지식'은 내가 안다고 할 수 없다. 몇 가지 질문으로 아이의 학습 상태를 확인할 수 있다. 아이가 설명하지 못하면 제대로 이해했다고 볼 수 없는 것이다.

부모 : 지금 공부하는 내용을 모두 이해했니?

아이 : 네.

부모 : 예습과 복습을 한 거야?

아이 : 네.

부모 : 문제는 모두 풀어봤니?

아이 : 네.

부모 : 그럼 설명 좀 해줄래?

아이 : 알고 있지만 설명하기는 힘들어요.

유대인들은 큰아이가 바로 아래 동생을 가르치고, 큰아이에게 배운 동생이 다시 아래 동생을 가르치게 하는 문화가 있다. 가르친 경험과 내용이 바로 자신에게 가장 큰 배움이라는 것을 유대인들은 일찌감치 알았던 것이다. 내 아이가 우리 집에서는 가장 유능한 선생님이 될 수 있도록 기회를 만들어주고, 그것을 가정 문화로 만든다면 더 이상의 학습법은 없다.

네 번째, 꿈과 비전을 공유하며 서로를 응원하고 지지하는 가족 워크숍을 가진다. 부모가 아이의 꿈과 비전을 안내하는 진로 코칭 명강사가 되는 것이다.

학교 현장에서 진로 교육이 이루어지긴 하지만 내 아이에게 맞춤형 진로 교육이 되기는 어렵다. 그렇다면 가정에서 꿈과 비전을 수시로 공유하면서 아이와 같이 고민하고 격려하는 시간이 필요하다. 아이가 어떤 꿈을 가지고 있는지 가족이라면 알아야 하고, 유익한 조언을 해주거나 적극적인 응원과 지지를 보내줘야 한다.

다섯 번째, 아이의 단기·장기 학습 계획을 공유하며 학습 컨설팅을 해준다. 성장기 아이들의 삶에서는 학습이 무엇보다 중대한 부분이므로, 아이가 학습에 잘 적응하고 주도적으로 공부하도록 이끌어주는 일이 중요하다.

도움 없이 아이 스스로 자기주도학습을 하는 것은 쉽지 않다. 매일 계획과 주간 계획을 어떻게 세우면 잘 실천할 수 있을지 아이와 같이 고민하고, 계획대로 공부한 후에는 학습 결과도 함께 공유하는 시간을 가지면서 아이의 학습 컨설팅 명강사가 되어주자.

나는 스승의 역할을 잘하고 있는가?

나는 어떤 부분을 더 노력하고 싶은가?

나는 아이에게 어떤 길잡이가 되어주고 싶은가?

CHAPTER 4

아이에게 준비시켜야 할 것들

유치원에서 초등학교에 입학하기 위해 공동체 생활에 필요한 기본적 생활 태도와 친구 사귀기 등을 익힌다. 중고등학교에서 다양한 공부를 거쳐 입학 준비가 되었다고 판단된 학생들이 학문의 전당인 대학에 진학한다. 이렇듯 다음 단계로 나아가려면 그에 대한 준비가 필요하다. '어떻게 살 것인가?'에 대한 고민도 마찬가지다. 많은 사람이 행복을 추구한다. 그렇다면 그에 걸맞은 준비 과정이 있어야 한다. 행복한 삶이 마냥 기다린다고 넝쿨째 굴러들지는 않으니까.

행복한 삶의 뿌리는 부모와 가정환경에 달려 있다. 나무가 건강하게 뿌리내리려면 토양이 비옥해야 하듯, 부모와 가정환경은 아이의 행복한 인생에 토양과 같다. 가정은 삶을 준비하는 학교인 것이다. 부모가 아이와의 애착은 얼마나 양질로 형성했는지, 어떤 양육 방향과 환경을 제공했는지를 비롯해 세상을 살아가는 데 필요한 기초 지식은 어떻게 가르쳤는지가 아이의 행복한 삶을 위한 토대가 된다.

하지만 안타깝게도 미리 부모가 될 준비를 하고 자녀를 맞이하는 경우는 드물다. 대부분 어쩌다 부모가 되었지만, 아직 기회는 있다. 아이는 부모가 성장해주기를 바라며 또 기다릴 수 있고, 그렇게 성장하는 부모를 보면서 자신이 어떻게 성장해야 하는지 배우기 때문이다. 교육은 가르치는 것이 아니라 보여주는 것이라고들 한다. 우리는 오늘 아이에게 무엇을 보여줬는지 돌아봐야 한다. 부모 자신의 성장이 곧 내 아이의 성장이다.

최근에 부모 교육을 받은 엄마 두 분은 이런 이야기를 했다.

"아이가 책을 많이 읽는 편인데 지금까지 그냥 책만 읽게 했어요. 아이가 성가셔할까 봐 조용한 분위기를 만들어주려고만 했지요. 그래서인지 질문받는 것을 귀찮아하고 질문하는 것도 싫어하는 아이가 되었어요. 하브루타 부모 교육을 통해 엄마인 제가 먼저 공부를 하면서 질문에 익숙해지자 아이도 달라지기 시작했어요. 이제는 아이가 먼저 질문하고 즐겁게 대화와 토론을 시작할 수 있게 되었어요. 달라진 아이를 보면서 참된 부모는 공부하라고 지시하며 열심히 가르치는 부모가 아니라, 사랑으로 보듬으며 아이에게 기대하는 모습을 먼저 보여주는 부모라는 것을 배웠습니다."

"여러 책을 통해 하브루타 교육법이 좋다는 것은 익히 알았지만, 저와는 거리가 먼 교육법이라는 생각에 막상 실천할 엄두를 못 냈어요. 조금이라도 실천할 수 있는 방법을 배우고 싶어서 이 강의를 듣게 되었지요. 좀 커버린 아이들과 어떻게 책으로 토론할까? 과연 아이들이 잘 따라줄까? 걱정이 많이 되었지만, 어떻게든 일단 시작은 해보자는 마음으로 실천하니까 큰 어려움 없이 진행되더라고요. 제 삶에도 적용하여 큰 그림을 그리고 노력해간다면 저도 아이들도 함께 성장하는 시간이 될 것 같아요."

부모가 먼저 성장한 다음에 자녀가 성장한다는 사실을 명심하자. 절로 자라는 아이는 없다.

나다운 것을 찾는 데 나쁜 경험이란 없다

부모가 시급하게 해야 할 일 중 하나가 아이를 세심하게 관찰하는 것이다. 아이가 관심을 가지고 좋아하는 것을 잘 파악하고, 그와 관련된 정보와 지식을 찾아가도록 안내하면서 체험도 하게 해주는 것이 부모의 중요한 역할이다. "누가 무엇을 하니

까 너도 그것을 해야 해!"가 아닌 "네가 좋아하니까 우리도 그
것에 대해 한번 찾아볼까?"라는 말을 자주 해야 하는 것이다. 누
군가를 따라 하는 것에는 항상 한계가 있다. 내가 좋아하는 것
이어야 오랫동안 지속적인 관심으로 탐구하고 몰입할 수 있다.

어려서부터 이런 경험을 자주 하면서 여러 체험을 통해 자신
이 좋아하는 것을 찾아갈 수 있다면 가장 이상적이다. 그 과정
에서 부모는 아이의 안내자로서 도움을 준다.

"경쟁하지 말고 독점하라"라는 말이 있다. 제일 자신 있는 일
에 집중하는 게 가장 경쟁력이 있다. 결국 나다운 것이 가장 경
쟁력 있는 삶이다. 누군가와 비교하기보다 아이가 자신의 생각
과 목표에 집중할 수 있게 도와주자. "네 생각은 어떤데?", "너
는 왜 그렇게 생각해?"라고 아이에게 생각할 기회를 주고, 아이
의 말을 경청하면서 열린 마음으로 토론하는 환경을 꾸준히 만
들어주면 아이는 자신을 객관적으로 바라보면서 자기 생각에
집중할 수 있다.

이때 항상 자기 생각을 표현하는 데 주저함이 없도록 질문하
고 대답하는 대화가 넘치는 가정 문화가 큰 도움이 된다. 머릿
속으로 생각만 하는 것이 아니라, 말로 표현했을 때 진정한 내
것이 되며 실천 의지도 높아진다.

사실 '나는 누구인가? 과연 어떤 삶이 나다운 것인가?'라는
질문은 동서고금을 막론하고 모두가 평생 안고 가야 할 화두

다. 아마도 죽을 때까지 내가 누구인지 온전히 알기란 쉽지 않다. 그럼에도 불구하고 항상 나는 누구이고, 이 순간 무엇을 원하며, 어떤 삶을 추구하는지 나에 대해 탐색하기를 놓지 않아야 한다.

아이도 최소한 청소년기에는 자신에 대한 탐색을 제대로 시작해야 한다. 나에 대한 착각 없이 정확하게 아는 것이 메타인지다. 자신에 대해 무엇을 착각하고 있는지 찾아낸다면 가장 효율적인 삶을 살아갈 수 있다.

많은 사람이 자기 실력을 분명하게 파악하지 못한 채 막연히 나는 이 정도는 되지 않을까 하는 착각 속에 살고 있다. 자신을 정확하게 파악하고 있을 때 내 삶의 진정한 주인공이 되어서 주체적으로 살 수 있다. 가장 바람직한 삶은 내 인생을 스스로 주도하는 주체로서 자신 있게 살아가는 것이다.

실패할 기회를 줄수록 아이는 좌절에 강해진다

아이는 자신에 대해 알아가고 자기가 좋아하는 것을 찾아가는 과정에서 실패의 경험도 하게 될 것이다. 그런데 부모는 자녀의 작은 실패도 용납하기 싫어하고 두려워한다. 마음을 다칠까, 너무 힘들어하지 않을까 싶어서 부모가 사전에 실패하고 역경을 이겨낼 기회를 아이에게서 앗아버린다. 부모의 이런 잘못된 판단으로 실패를 경험하지 못한 아이들은 사소한 어려움에도 쉽게 좌절한다. 부모의 잘못된 사랑이 결국 전혀 경쟁력 없는 아이로 만드는 오류를 범하게 되는 것이다.

아이가 꽃길만 걷기를 바라는 것은 모든 부모의 간절한 마음이지만, 인생은 호락호락하지 않고 언제 어디서든 시련은 찾아오게 마련이다. 그때마다 부모가 해결해줄 수도 없다. 스스로 인생의 다양한 문제를 해결하고 다시 일어설 수 있도록 어릴 때부터 실수하고 실패할 기회를 아이에게 충분히 제공하자.

작은 실패의 경험들이 많은 것을 배우고 정신적으로 더 강해지는 계기가 되어준다는 것을 알아야 한다. 아이는 넘어져봐야 앞으로는 어떻게 하면 넘어지지 않을지 생각하게 되고, 툭툭 털며 일어서는 방법도 터득하게 된다.

아이의 장점에 주목해야 아이도 부모도 즐겁다

세상에 완벽한 사람이 있을까? 아마도 완벽함은 신의 영역이 아닐까. 그런데 부모는 아이를 완벽하게 키우고 싶어 한다. 아이가 뜻대로 따라와주지 않으면 스트레스를 받고, 그 스트레스를 아이에게 되돌려주는 부모도 있다. "왜 그것도 못해?", "네가 잘하는 게 뭐 있어?", "그렇게 쉬운 걸 왜 못하지?", "도대체 잘하는 게 뭐야?" 하면서 말이다.

완벽한 사람은 없다. 다 갖춘 듯싶어도 어딘가 부족한 점은 있기 마련이다. 그런데도 왜 아이에게는 이것저것 다 잘하는 만능을 요구하는지 모르겠다. 나 또한 잘하는 것보다는 못하는 것이 많고, 특히 공부라면 즐겁게 해본 적이 없다. 늘 실수와 실패를 거듭하며 여기까지 왔다.

뭐든지 잘 해내기를 아이에게 기대하고 독려하며 때로는 윽박지르고 있지는 않은지 돌아보자. 현명한 부모라면 아이가 못하는 것, 즉 단점에 주력하기보다는 잘하는 것, 즉 장점을 어떻게 극대화할 수 있을지 고민한다. 힘들고 어렵게 삶을 유지할 것인가, 즐겁고 유쾌하게 유지할 것인가는 부모의 안내에 따라 달라진다.

후츠파 정신으로 거침없는 도전을!

'후츠파(chutz-pah)'란 '무조건 도전해봐, 주저하지 마, 뭐든 일단 해보는 거야'라는 뜻으로, 도전 정신을 격려하는 히브리어다. 창조와 혁신을 이뤄온 유대인 특유의 정신이다. 현대건설 창업주인 정주영 회장이 사업안을 두고 회의를 할 때 임원들이 소극적으로 나오면 어김없이 "자네 해봤어?"라는 말을 했다고 지금도 회자된다.

중국의 세계적인 전자상거래 기업인 알리바바의 창업주 마윈은 이스라엘에서 도전하려는 용기, 즉 후츠파 정신과 혁신 두 가지를 배웠다고 말했다. '이스라엘 실리콘밸리'라고 불리는 텔아비브가 세계적으로 가장 성공률이 높은 벤처 창업 산지라고 한다. 청년들에게 도전을 응원하는 사회 분위기 덕분에 이스라엘의 스타트업이 미국 나스닥에 상장한 비율도 40퍼센트에 육박한다. 후츠파 정신은 불가능해 보이는 일도 거침없이 과감하게 시도하라고 응원하며 그 열정에 박수를 보낸다.

이런 도전 정신은 어느 날 갑자기 생기는 것이 아니다. 어려서부터 무엇이든 실패에 대한 두려움 없이 시도하고 경험해보면서 생겨난다. 실패를 경험하지 않고 성공한 사람은 세상에 존재하지 않는다. 실패를 많이 할수록 아이가 더 크게 되기 위한 밑거름이 쌓인다고 생각하자. 아이의 실패가 곧 나의 실패인 양 두려워하며 방어해주고 기회를 주지 않는다면 아이는 영원히 도전을 모르는 삶을 살게 된다. 부모가 수시로 다음과 같은 말로 아이의 도전을 응원해주면 어떨까.

"일단 해봐."
"어떤 일도 일어나지 않아. 걱정하지 말고 시도해봐."

"도전해야 결과가 있단다."

"도전은 용감한 거야."

"도전한 사람이 세상의 리더가 된단다."

"도전하는 네 모습이 자랑스럽다."

"해보고 하는 이야기야?"

"시도해도 큰일은 일어나지 않아."

"네 용기에 박수를 보낸다."

이런 부모의 양육 태도가 두려움 없이 도전을 즐기는 아이로 성장시킨다.

티쿤 올람 정신으로 세상을 이롭게!

티쿤 올람(Tikun Olam)은 '세상을 이롭게 바꿔라'라는 뜻으로, 세상에 도움이 되는 정의 구현의 의미가 담겨 있다. 유대인들은 어려서부터 티쿤 올람 정신을 가르치면서 아이가 바꾸고 싶은 세상의 모습에 대해 같이 생각하고 세상의 여러 문제에 관심을 갖도록 이끈다. 티쿤 올람 정신은 농업, 의료, 정치 등 사회전 분야에 적용되며 혁신을 일으키고 있다. 이처럼 이스라엘의 발전에 크게 기여하는 티쿤 올람 정신은 이스라엘 문화의 중심에서 기업 정신으로까지 이어진다.

현실에 안주하지 않고 항상 티쿤 올람 정신으로 조금이라도 더 발전하기를 지향한다면 사회 전체의 미래는 밝을 것이다. 아이에게 너는 세상을 어떻게 바꾸고 싶은지 자주 물어보고 좀 더 구체적인 생각을 나눠보자.

"너는 어떤 세상에서 살고 싶어?"
"혹시 바꾸고 싶은 제도가 있을까?"
"너라면 그 일을 어떻게 해결할까?"
"너는 우리나라가 어떤 나라가 되기를 꿈꾸니?"
"지금 너는 무슨 일을 할 수 있을까?"
"너는 무슨 공부를 해서 세상에 어떻게 기여하고 싶어?"

어느 날 아들이 나에게 물었다.
"엄마, 제가 너무 예민한 편이죠?"
"왜 그런 질문을 해?"
"사소한 것에 신경을 많이 쓰는 것 같아서요."
이럴 때 부모는 어떤 대답을 해줘야 할지 망설여진다. 긍정하면 아이는 어떤 마음이 들지, 부정하면 엄마의 말을 곧이곧대로 믿을지 고민이 된다.
"응, 맞아. 예민한 편이지. 예민하다는 것은 좋은 거야. 예민한 사람이 세상을 바꾸거든. 엄마는 우리 아들의 성향이 세상을 바꿀 수 있다고 믿어. 예민한 만큼 사소한 것도 놓치지 않고 보는 눈과 생각이 있거든. 유대인들이 강조하는 정신 중에는 '티쿤 올람'도 있는데, 세상을 이롭게 한다는 뜻이야. 우리 아들도 예민한 성격을 잘 살려서 세상을 이롭게 하는 역할을 할 거라고 믿어."

　생각이 많고 감정적인 자신을 들여다보다가 갑자기 엄마에게 질문을 던졌는데 예상했던 대답보다 긍정적이었는지 아들은 활짝 웃었다. 가끔은 나 자신에게 확신이 없어서 주변에 있는 누군가에게 자신에 대해 물어볼 때가 있다. 그때 주변에서 믿어주고 격려하는 말이 자기 확신을 갖는 데 중요하게 작용한다. 유대인들이 자녀에게 항상 하는 말이 "너는 세상을 이롭게 할 거야"다. 티쿤 올람 정신이 담긴 말을 자주 들어서일까, 정말 세상을 바꾼 세계적 인물이 많다.

내 아이의 장점을 얼마나 알고 있는가?

아이의 장점에 집중하고 있는가, 단점에 집중하고 있는가?

아이에게 훌륭한 길잡이로서 제 역할을 하고 있는가?

CHAPTER 5

생각을 존중받는 아이가
창의성을 발휘한다

이스라엘 유치원에는 쓰레기장 놀이터가 있다. 그곳에는 온 갖 잡동사니가 모여 있다. 못 쓰게 된 침대, 사다리, 식기, 천, 깡 통, 종이 등 고물들이 쌓여 있다. 귀하디귀한 아이들이 쓰레기 더미 속에 있는 모습이 언뜻 이해되지 않을 수 있다. 위험해서 다칠지도 모른다는 걱정이 가시지 않을 것이다. 하지만 그 속에 서 아이들은 신나게 논다. 갖가지 상상력을 발휘해가면서 쓰레 기들로 틀에 박힌 용도가 아닌 완전히 새로운 물건을 만들기도 한다. 창의적인 놀이를 통해 호기심에 가득 차서 새로운 발견의 순간을 경험하게 된다. 이스라엘 사람들은 이런 창의적 놀이가 창조와 혁신의 뿌리가 된다고 믿어 의심치 않는다.

우리 아이들의 모습은 사뭇 다르다. 요즘 아이들이 생각하기를 싫어한다는 말을 자주 듣는다. "우리 아이는 생각하기를 싫어해요. 왜 그런지 모르겠어요"라는 하소연이 늘어진다. 아이가 말하기를 귀찮아하고 질문에 대답하기를 어려워하거나 불편해한다는 것이다.

아주 어릴 때를 떠올려보자. 아마도 아이는 세상 모든 것을 호기심 어린 눈으로 바라보며 끊임없이 종알거렸을 것이다. 그랬던 아이가 점점 말이 없어지고 궁금한 게 사라진 이유는 무엇일까? 원래 호기심이 넘쳤던 아이에게 어떤 환경을 제공했는지 점검해볼 필요가 있다.

어려서 말문이 막 트일 때는 모든 부모가 아이의 한마디 한마디에 집중하며 기뻐하고 귀여워했을 것이다. 그런데 그 시기가 지나 자기 생각이라는 게 생겨서 고집을 부리거나 떼를 쓰면 부모는 자신이 원하는 대로 아이가 얼마나 잘 따르느냐를 중시하여 매사 아이의 행동이 못마땅해진다. 부모가 아이의 생각에 관심을 두지 않다 보니 대화가 줄어들고, 아이는 점차 부모의 생각에 순응하는 식의 편한 길을 선택한다. 이런 부모의 태도가 생각 없는 아이로 성장시키고, 결국 아이도 생각하는 것 자체가 귀찮아지는 것이다.

"딴생각 좀 하지 마라."

"쓸데없는 생각 하지 말고 그 시간에 공부 좀 해."

"남들 하는 만큼 하고 나서 말해."

"네가 얼마나 안다고 부모 말을 안 듣는 거니?"

"지금 공부하기 싫어서 딴소리하는 거지?"

"성적부터 올리고 나서 네 주장을 해. 지금은 아니야."

처음부터 무기력한 아이는 없다. 어떤 상황이 반복되고 계속해서 무기력을 경험하다 보면 누구도 버틸 재간이 없는 것이다. 아이들에게 생각할 시간을 주자. 부모가 해야 할 일은 딱 두 가지다. 하나는 존중이고, 두 번째는 기다림이다. 존중과 기다림은 아이가 생각을 마음껏 펼칠 수 있는 환경을 만들어준다.

생각의 힘을 키우는 세 가지 말

아이에게 질문하기가 겁난다는 부모들이 있다. 단답형으로 '모르겠다'고 대답하거나, 아예 '물어보지 말라'고 외면하기 때문이다. 어린아이들이 벌써부터 생각하는 게 귀찮다고 하면 문제가 있는 게 아닐까. 그렇다, 생각하지 않으면 갈수록 생각하는 게 귀찮아진다. 앞에서도 말했듯이 매일 생각 근육을 키우지 않으면 다른 근육과 마찬가지로 소실되고 만다. 아이가 생각하는 힘을 키우려면 어떻게 해야 할까?

❶ "왜?"라는 질문을 통해 아이의 호기심을 키워주고 '해답'
  을 찾아보게 한다. '정답'이 아니다.
❷ 주변 환경을 주의 깊게 관찰하는 시간을 가지면서 새로운
  것들을 발견하고, 그것들을 바탕으로 좋은 아이디어를 생
  각해보게 한다.
❸ 남들과 다른 생각을 해보는 데 집중하고, 다른 관점에서 바
  라보는 훈련을 한다.
❹ 다르게 생각하는 과정에서 실수나 실패를 하더라도 그 과
  정에서 얻는 것에 더 큰 의미를 둔다. 결과물이 한 번에 나
  온 사례는 세상에 없다.

  창의적인 생각에는 좋고 나쁨이 없다. 생각 그 자체가 유일하
기 때문에 비교 대상이 없다. 유일한 것이 최고다. 이때 아이의
생각을 깨우고 사고를 확장할 수 있는 질문을 하는 것이 중요하
다. 질문을 받으면 대답을 하지 않을 수 없기에 생각을 자극한
다. 질문하고 토론하고 논쟁하는 것을 바탕으로 하는 만큼 '생
각하고 말하는' 공부법인 하브루타에는 기본 대화법이 있다.

  "네 생각이 뭐야?"

"왜 그렇게 생각해?"

"아하, 그렇구나!"

"네 생각이 뭐야?"라는 질문은 존중을 담고 있으며, "왜 그렇게 생각해?"는 상대방의 말을 충분히 듣고 반응하는 질문으로 경청의 의미가 담겨 있다. "아하, 그렇구나"라는 말은 상대방의 생각을 인정한다는 의미다.

아이와 부모가 이 세 가지 질문을 매일 주고받으며 대화를 한다면 아이는 아이대로 부모가 자기 생각을 존중해줘서 기쁘고, 부모는 부모대로 아이의 생각을 알 수 있어 아이를 이해하는 데 도움이 된다. 아이와 부모가 서로 생각이 다르더라도 이런 대화를 통해 아이에게 언제든 하고 싶은 이야기를 할 수 있는 환경을 만들어준다는 점에서 중요하다. 이 세 가지 말만 적절히 사용해도 인간관계나 일, 그리고 삶에서 성공할 수 있다.

세상을 바꿀 창의성을 키우는 방법

지금 시대는 어떤 인고의 시간과 노력을 통해서만 성공하는 시대가 아니다. 나만의 독창적인 아이디어 하나로 스타트업을 시작할 수 있고, 좋은 콘텐츠 하나로 세계적인 기업가가 탄생하는 세상이다. 세상이 달라졌는데 부모들의 생각은 아직도 부모 세대가 경험한 시기의 문화와 사고에 갇힌 채 자녀들에게도 그런 삶의 방향성을 고집하고 강요한다.

창의적인 사고는 갑자기 만들어지는 것이 아니다. 끊임없이 생각하면서 일상에서 모든 것에 의문을 품고 질문하며 고민하는 가운데 창의성이 높아진다. 일상이 창의성과 연결되도록 도와주자. 예를 들어 공감 능력도 창의성을 키워주는데, 경제적 공감 능력을 통해 키워주는 방법을 한번 살펴보겠다.

아이 : 엄마, 칫솔이 너무 불편해. 손에서 자꾸 미끄러져.
엄마 : 아하, 그렇구나. 네가 칫솔을 만드는 회사의 사장이라
       면 어떻게 디자인을 바꿔보고 싶어?

소비자와 생산자의 입장에서 고민하는 공감 능력을 발휘하다 보면 창의성이 높아진다.

"네가 이 물건을 판매하는 사람이라면 어떤 방법으로 판매하고 싶어?"
"그 물건은 어떻게 광고하면 잘 팔릴까?"
"이 물건은 누가 가장 좋아할까?"

태양 아래에 새로운 것은 없다고 했다. 기존의 것에 의문을 품고 조금 더 발전시키는 것이 창의성이며, 그게 바로 창조하는 것이다. 창의성은 예술가나 발명가에게만 주어진 것이 아니라 모두가 가지고 있는 잠재력이며, 우리 아이 또한 세상을 바꿀 수 있는 창의적인 아이다.

아이의 창의성을 키우기 위해 어떻게 해야 할까?

❶ 결과에 연연하지 않는다. 결과에 집착하다 보면 실패가 두려워서 도전하거나 시도하지 못한다. 부모는 그 과정을 응원하고 격려하며 지지해줘야 한다.

❷ 사람들이 뭐라고 말하든 신경 쓰지 않게 한다. 시선을 밖에 두면 자기 행동을 제약당하게 되고, 타인의 평가에 상처를 받다 보면 도전에 대한 두려움으로 호기심까지 사라진다. 부모는 아이 자신의 생각과 판단, 그리고 결과에 대한 비판적 사고는 격려하되, 타인들의 생각에는 신경 쓰지 않도록 굳건한 마음가짐을 가르친다.

❸ 좋은 생각이나 아이디어를 항상 기록하게 한다. 갑자기 떠오른 아이디어를 따로 기록하지 못하여 놓쳐버린 경험을 누구나 한 번쯤 했을 것이다. 아이디어는 준비된 상황에서 생각나는 것이 아니고 언제 어느 순간에든 떠오를 수 있는 것이므로, 항상 기록할 수 있는 메모지가 준비되어 있어야

한다. 아이가 기록한 내용 중에서 어느 것이 아이의 삶을 바꿀 수 있는 기회의 콘텐츠가 될지는 아무도 모른다.

❹ 잘 먹고 잘 쉴 수 있게 충분한 휴식 시간을 준다. 휴식하는 시간이 부족하면 뇌는 스트레스를 받게 되고, 스트레스를 받은 뇌는 생각을 멈춘다. 어떤 사람은 샤워를 할 때 가장 뇌가 활발하게 움직인다고 느끼며, 또 어떤 사람은 잠을 푹 자고 나면 좋은 생각이 번뜩인다고 한다. 산책할 때 심리적인 안정감을 느껴서 좋은 아이디어가 떠오른다는 사람도 있다. 그만큼 휴식은 창의성을 유발한다.

❺ 새로운 경험이나 여행은 창의적인 생각을 하는 데 큰 도움을 준다. 항상 다니는 일상적 장소를 벗어나 새로운 환경은 호기심을 발동시키고 뇌를 자극한다. 부모와 함께 많이 경험하고 체험하는 것이 아이 뇌의 활동을 촉진하고, 같이 나누는 대화는 아이의 생각을 깊게 한다.

아이의 성적이나 결과물에만 신경 쓰는 편인가?

아이와 함께 새로운 여행지에 종종 가는 편인가?

새로운 여행지와 자주 다니는 여행지 중 어느 쪽을 선호하는가?

CHAPTER 6

정서적 안정감이
아이의 메타인지를 높인다

코로나19 발생 이후 '코로나 블루'라는 말이 생겨났다. 코로나19가 장기화하면서 생겨난 우울감과 무기력증을 의미한다. 사회적 거리두기 때문에 일상생활에 제약이 많아져 집에 있는 시간이 늘고 타인과의 만남이 줄면서 많은 사람이 코로나 블루를 호소했다. 건강보험심사평가원에 따르면 2021년 전체 우울증 환자는 93만 3,481명으로, 2017년(69만 1,164명)에 비해 35.1퍼센트 증가했다(2022년 집계). 아이들도 예외가 아니다. 바깥 활동을 자유롭게 하기 힘들고, 불규칙한 등교로 친구를 사귀기가 어려우며, 급식도 말없이 먹어야 하는 등으로 인해 아이들의 정신 건강 역시 악화됐다.

그런데 코로나19로 인해 정서적 안정감이 좋아진 아이들도 있다. 주 양육자와의 관계가 편안한 아이는 오랜 시간 집에 머물수록 심리적 안정감이 높아지기 때문이다. 심리적으로 안정적이지 못하면 아이의 학습뿐만 아니라 일상생활 전반에 부정적인 영향을 미친다. 정서적 안정감 없이는 아이가 발달단계를 원활하게 밟아나가기 어렵고, 학습에 제대로 몰입하기도 힘들며, 다양한 분야에서 이성적인 인지와 판단을 실행하기가 어렵다.

정서적으로 안정돼야 학습과 생각, 감정, 행동의 조절을 담당하는 뇌의 전두엽이 활성화된다. 우리 뇌는 감정을 우선 처리하도록 되어 있어서 감정 정보를 처리한 후에야 이성적인 인지와 판단이 가능하다. 즉 아이의 심리가 편안한 상태여야 이성적인 사고를 담당하는 전두엽이 발달하여 사고력과 판단력도 키울수 있다는 이야기다. 부모가 아이의 정서적 안정감을 중시해야 하는 이유다.

무엇보다 유년기에 형성된 정서적 안정감은 성인이 되어 사회생활을 하는 시기에 빛을 발하는데, 부정적인 감정에 쉽게 노출되지 않으며 감정 조절을 통해 원만한 사회생활을 영위하게 해준다. 하지만 이 시기에 부모의 지나친 감정 표현이나 감정 폭발, 즉 부모가 크게 소리치며 야단치는 등의 부정적 감정 경험을 반복하게 되면 그것이 아이의 전체 감정 상태를 형성한다. 그런 아이가 성인이 되면 매사에 이유 없이 부정적인 자세를 드러내거나 타인과 관계를 맺는 데 불편해질 수 있다.

어릴 적 부모와의 행복한 추억 하나로 정서적 편안함을 느끼며 살기도 하지만, 반대로 어릴 적 부모의 위협적인 폭발 한 번으로 평생 불안한 심리와 싸워가며 살기도 한다. 그만큼 어린 시절에 형성된 정서가 평생을 행복하게도 불행하게도 만든다. 심리적 안정감이 삶을 좌우한다고 해도 과언이 아니다.

부정적 감정도 잘 표현하도록 감정 코칭을 하라

이스라엘 교육학자인 하임 기너트(Haim Ginott)는 '감정 코칭'이라는 용어를 만들었다. 아이를 독립적인 인격체로 존중하고 아이의 생각과 감정에 공감하라는 것이다. 기너트는 교육 현장에서 직접 경험한 임상 사례를 토대로 부모와 상호작용을 하면서 감정 코칭을 받은 유아들의 특징을 관찰했다. 그 결과로 감정 코칭의 효과, 5단계 감정 코칭 방법, 부모의 네 가지 유형, 초감정 개념 등을 정리해냈다. 기너트의 감정 코칭은 아이가 기쁨, 즐거움, 행복 같은 긍정적 감정은 물론 두려움, 화, 분노, 슬픔, 외로움, 우울 같은 부정적 감정도 수용하고 공감하며 대응할 수 있도록 도와줘야 한다고 강조한다.

감정 코칭을 통해 아이의 긍정적 감정은 물론 부정적 감정까지 잘 헤아리고 공감해주며 소통하려고 애써야 정서적 안정감이 형성된다. 부모가 아이를 따뜻하게 연민하며 쓰다듬어주는 스킨십을 많이 할수록 아이는 정서적으로 더욱 안정된다. 무엇보다 아이가 성장하는 동안 모든 면을 유심히 관찰하고 아이의 감정에 공감하는 질문을 통해 아이가 자기감정을 잘 표현할 수 있도록 도와주면 좋다.

아이의 메타인지를 키우는 데도 감정 코칭은 기본이 된다. 유아들은 부모와의 상호작용으로 자신이 누구인지, 다양한 감정은 어떻게 처리하는 것이 좋은지, 이런저런 감정적 상황에서 어떻게 행동해야 하는지 배운다. 그래서 부모는 아이가 떼를 쓰거나 소리를 지를 때 그 부정적 행동에 주목하기보다 그 이면에 숨은 감정을 알아차리고 대처해야 한다.

❶ 부정적 감정이든 긍정적 감정이든 아이가 표현하는 감정을 잘 들어준다.

❷ 아이의 감정을 들어줄 때 아이와 눈을 맞추고 적절히 스킨십을 해주면 아이가 감정을 조절할 수 있는 능력이 커진다.

❸ 아이가 자기감정이 어떤 상태인지 말로 잘 설명하지 못할 때는 부모가 언어로 대신 표현해준다.

❹ 아이의 거칠고 잘못된 행동을 보면 일단 지금 아이의 감정

이 어떠한지 물어보고 공감해준다.

육아 프로그램 〈요즘 육아 금쪽같은 내 새끼〉에 나온 사례다. 중학교 2학년 아들이 어느 날부터 난폭해지더니 게임을 하는데 부모의 카드로 몇백만 원을 사용했다. 그러면서도 죄의식이 없고, 오히려 부모에게 화를 내거나 무시하는 태도로 대들었다. 특히 어려서부터 자신을 돌봐준 할머니를 무척 싫어하며 대놓고 상처 주는 말을 해댔다. 과연 그 아이에게 무슨 일이 있었던 걸까? 모든 일에는 원인이 있다.

부모가 맞벌이를 하느라 바빠서 아이는 할머니가 주 양육자가 되어 유아기부터 초등학교 때까지 키워줬다. 그런데 아이는 할머니의 양육 태도에 불만이 많았다. 부모에게 자기 말 좀 들어달라고 하소연한 시간이 있었지만, 그때마다 부모는 바쁘다는 이유로 아이의 생각과 감정을 외면했다. 그대로 중학생이 된 아이는 그동안 자기감정에 아무 관심 없이 무시하던 부모에게 배신감이 커지면서 부모의 돈도 함부로 가져다 쓰기 시작했다. 어느 날 아이가 자기감정을 쏟아냈다.

"할머니하고 지내는 게 힘들다고 말했을 때 모른 척했잖아. 내가 얼마나 힘든지 말하고 싶었는데 듣고 싶어 하지 않았잖아. 나에게 관심이 없었잖아. 이제는 시간이 지났어. 절대 말하지 않을 거야. 내가 하고 싶은 대로 할 거라고."

아이는 울면서 마음의 소리를 토해냈다. 자신이 힘들었을 때 간절했던 부모의 관심과 공감을 받지 못한 아이는 섭섭함을 넘어서 분노로 복수하고 싶은 심정이 된 것이다. 그런 한편으로 아이는 부모와 잘 지내고 싶은 마음에 심한 어리광을 부리기도 했다.

해바라기처럼 아이의 마음이 부모를 향하는 시기가 있다. 그 시기를 놓치면 평생 아이와의 관계가 어긋나기도 한다. 아이의 정서적 안정감을 위해 관심 있게 잘 관찰하면서 수시로 감정을 표현하도록 물어보는 것이 좋다. 성장기 아이들은 정서적으로, 감정적으로 변화의 폭이 크다.

부모의 관심에서 잠깐 벗어난 순간에 어떤 일이 일어날지 예상할 수 없다. 그렇다고 감시하라는 말이 아니다. 관심을 가지고 작은 변화라도 눈치챌 수 있도록 아이를 지켜보라는 이야기다. 관심은 관찰이고, 관찰은 관심 어린 질문으로 이어진다.

아이의 변화를 감지하지 못하다가 큰일을 겪을 때가 많다. 특히 청소년이 자살하기 전에 작으나마 도와달라는 사인을 보내는 경우가 94퍼센트나 된다고 하는데도 청소년 자살률이 높은 우리 현실에서는 더욱 그렇다. 관심 어린 질문 하나가 아이의 생명과 직결될 수 있다는 사실을 알아야 한다. 그래서 아이와 함께하는 하브루타는 관심이고, 또 사랑인 것이다.

정서적 안정감의 핵심은 부모와의 관계

사람은 태어나면서 다양한 관계를 맺기 시작한다. 부모와의 관계, 형제자매와의 관계, 친구와의 관계, 사회 동료와의 관계, 그리고 결혼하면 배우자와의 관계에 이어서 자녀와의 관계를 형성한다.

이런 관계들에서 하나만 삐걱거려도 삶이 순탄하지 않다. 그렇다고 모든 관계가 완벽하기란 그 또한 매우 어려운 일이다. 사람들과 관계를 잘 맺고 잘 지내는 것만으로도 성공적인 삶이라고 말할 수 있다. 인간의 불행이 관계에서 오기 때문이다.

인간관계를 잘하기 위해서는 밝은 표정과 인사성, 상대방과 눈을 보고 대화하는 습관, 상대방의 이야기에 경청하는 자세를 갖춰야 한다. 이 같은 좋은 관계를 위한 중요 요소들은 모두 부모와의 건강한 관계 맺기 경험을 토대로 갖춰진다. 부모로서 아이와 좋은 관계를 맺으려면 여기에 친절함과 다정함이 필요하다. 친절한 부모는 아이의 욕구를 알아채고 바로 반응해준다. 따뜻한 연민으로 대하고, 아이를 판단하는 대신 아이의 느낌과 감정에 다정한 관심을 가진다.

부모 세대가 살아온 환경은 지금 자녀 세대가 살아가는 환경과 다르다. 아이들은 물질적으로 풍요롭고 문화적으로 발전한 세상에서 자기 환경을 영위하며 자라고 있다. 그런데도 부모는 아직은 자신이 경험한 문화의 사고방식으로 아이를 대한다. 그러다 보니 자주 갈등을 빚을 수밖에 없다. 부모는 요즘 아이들에게는 도저히 이해가 안 되는 것을 받아들이라고 주장한다. 아이가 싫어서가 아니라 자신의 생각 범주를 벗어난 아이의 행동을 받아들이기가 너무나 힘든 것이다. 그래서 부모는 더 강압적인 태도를 보이거나 냉소적으로 반응하다가 결국 자녀와 불편해지는 단계로 넘어가고 만다.

멋내기를 좋아하는 중학생 여자아이가 있다. 아이는 친구들과 성지 순례를 하듯 고속버스터미널 지하상가에서 예쁜 옷을 사기를 좋아한다. 어려서부터 검소한 생활이 몸에 밴 엄마는 아이의 또래 문화가 도무지 이해되지 않고, 그렇게 몰려다니는 시간에 공부를 했으면 하는 바람에 아이와 잦은 말다툼을 하다가 갈등을 키운다. 내가 바라는 것을 안 들어주면 자신도 엄마가 바라는 것을 하지 않겠다고 아이도 생각하게 된 것이다. 그때부터 의도적으로 엉터리 시험을 보고 형편없는 점수를 들이밀어 엄마를 괴롭힌다. 갑자기 엉망인 시험 결과에 엄마는 화가 나고, 그런 아이의 태도에 더 강압적으로 나가면서 악순환이 반복된다.

갈등의 시작은 미미했으나 아이의 문화를 이해하지 못하고 인정하지 않으니 서로 상처를 주고받을 수밖에 없다. 부모와의 관계가 나빠지면 아이의 학습에 지대한 영향을 미치는 것은 당연하다. 부정적인 감정이 가득한 가정환경에서 공부가 잘될 리 없다. 평소에 잘하던 아이도 보란 듯이 부모를 괴롭히기 위해서 포기해버린다. 뒤늦게 후회해봐야 돌이키기 어려울 때가 많다.

그처럼 관계가 악화되기 전에 부모가 먼저 아이를 배려하고 이해해야 한다. 그래야 정서적 안정감 속에서 부모에게 배려받고 이해받은 만큼 타인도 배려하고 이해하며 좋은 관계를 이뤄가는 아이로 성장할 수 있다. 그때야 비로소 아이도 부모의 입장을 이해해주기 시작한다.

여행, 성장과 발전의 시간

여행은 사람을 성장시킨다. 아이가 어릴 때는 가족 여행을 통해 다른 세상을 만날 수 있다. 여행은 익숙하지 않은 세상을 만나고 새로운 것을 배울 기회가 되어준다. 집에서는 잘 느끼지 못하는 가족의 귀중함도 생소한 여행지에서 새삼 깨닫는다. 낯선 타인들과 섞여 있을 때 동생의 소중함과 형, 언니의 든든함을 알게 되는 것이다. 특히 어떤 어려움에 부닥쳤을 때 똘똘 뭉쳐서 함께 힘을 발휘하며 한편이라는 공동체 의식을 갖는다. 이렇게 여행에는 정신적으로 성장하게 해주는 묘한 매력이 있다.

또한 새로운 환경을 만나는 낯설고 설레는 경험 덕분에 분주

한 일상에서 쉽게 가지지 못했던 생각하는 시간을 여행지에서는 충분히 마련할 수도 있다. 어쩌면 그동안 별로 나누지 못했던 아이의 감정과 생각도 들을 수 있을지 모른다. 가족 여행이 서로간에 묵은 감정의 보따리를 풀기도 하고, 미처 표현하지 못했던 생각을 얘기하는 귀한 시간이 되어주는 것이다.

성인이 된 자녀라면 여행은 성장과 발전의 시간이므로 언제든지 자유롭게 여행할 수 있도록 그 기회를 열어줘야 한다. 중고등 청소년 시기에는 아이나 부모나 학습에 대한 부담감으로 여행에 따로 시간을 들이기에 어려운 점이 많다. 대학 시기 혹은 사회인 시기에라도 친구들, 동료들과 여행을 하면서 좋은 관계를 형성하는 중요한 시간을 갖기를 바란다. 특히 새로운 환경과 문화를 접하면 정신적으로 신선한 충격을 받게 되고 세상을 바라보는 시각이 확장된다. 또한 여행지에서 만나는 사람들과 나누는 대화 속에서 삶의 지혜를 얻기도 하고 구체적인 방향성을 찾기도 한다.

나는 화가 날 때 자제하는 편인가, 화를 쏟아내는 편인가?

화가 날 때 자주 쓰는 말이 있는가?

아이의 감정에 공감해주기 위해 어떤 노력을 하는가?

부모가 아이를 위해 꼭 해야 할 일이 있다면 그것은 '관찰하기'다.

일단 아이가 정말로 무엇에 관심이 있는지,

혹은 잘하는 것이 무엇인지부터 파악해야

작은 계기라도 놓치지 않고 성장할 수 있도록 지원하는 것도 가능해진다.

아이가 자신만의 남다른 특별함을 스스로 찾아내어 키워가도록

함께 동행하며 안내하는 것이 부모의 메타코칭이다.

PART 4

하브루타
메타코칭으로
아이의 메타인지를
키워라

CHAPTER 1

하브루타 독서로
모든 공부의 기본기를 잡아라

"친구 따라 강남 간다"라는 속담이 있다. 자신이 무엇을 좋아하는지, 또 잘하는지 별 고민 없이 지내다가 남에게 끌려서 덩달아 하게 될 때 쓰는 말이다. 고등학교에서 문과와 이과를 분리해서 가르치다가 2018년부터 통합교육의 일환으로 초중등교육에서 문이과를 통합했고, 2022학년도 대학수학능력시험부터 적용되면서 혼란이 컸다.

그 이전까지만 해도 자신이 이과 성향인지, 문과 성향인지 잘 모르는 가운데 친구가 이과를 선택하니까 따라간 아이들이 있었다. 뒤늦게 대학에 들어가고 나서야 전공이 맞지 않거나 흥미가 다른 데 있다는 것을 깨닫고 편입 혹은 전과를 준비한다. 심지어 수능을 다시 보는 학생들도 있다. 이렇듯 자신에 대해 깊이 알아보지 않으면 소중한 시간과 돈을 낭비하는 결과를 가져온다.

유럽이나 미국에서는 오래전부터 문이과 통합교육으로 폭넓은 교과과정이 진행되어왔다. 초중등 과정에서 폭넓게 지식을 배움으로써 대학에 들어갔을 때 다양한 학문을 접하는 데 어려움을 줄여주자는 취지다.

학창 시절에는 생각의 변화에 따라 관심사도 수시로 바뀐다. 여러 경험을 쌓으며 자신을 깊이 들여다보는 시간이 필요하다. 그리고 아이마다 타고난 성향이 있어서 문과에 더 적합하거나 이과에 더 적합할 수 있다. 지금은 문과여도 이과 과목을 배울 수 있고, 이과여도 문과 과목을 배울 수 있는 만큼 아이의 기본 학습 능력이 어느 정도 뒷받침돼야 한다.

문과 지망생이라고 수학을 공부하지 않아도 되는 시대가 아니다. 수학 학습을 통해 조직적이고 논리적인 사고방식을 길러야 한다. 이과 성향의 아이에게도 교양 수준의 인문학 교육이 절대적으로 필요하다. 이런 통합교육은 창의적인 사고를 지향한다. 창의적인 사고를 위해서는 폭넓은 시야와 인문학적 소양이 필수이므로 인문학을 가르치는 것은 인공지능 시대를 살아가는 데 꼭 필요한 교육이다.

문해력이 부족한 아이들

문이과 학습을 모두 수행해야 할 때 가장 근본적이면서 절대적으로 필요한 능력이 무엇일까? 장기적인 안목으로 아이의 미래 학습에 어떻게 대비하면 좋을지 고민해보자. 아이의 학습적 성향에 관계없이 통합교육을 받아야 한다면 제일 밑바탕이 되는 생각의 근육부터 키워야 한다. 생각하는 힘도 근육처럼 매일 훈련하면 충분히 키울 수 있다.

여러 훈련 방법이 있겠지만, 그중에서 독서가 쉽고 효율적이다. 책 읽기는 아이가 다양한 정보를 습득하고 이해하고 해결하면서 생각의 넓이와 깊이를 확장하는 근원적 방법이다.

최근 '문해력'이 화제가 되고 있다. 요즘 젊은이들이 '사흘'을 '4일'로 알아듣고, 어느 회사 사장이 고객에게 쓴 사과문에서 '심심한 사과'라고 했다가 논란이 되기도 했다. "나는 하나도 안 심심해", "제대로 된 사과도 아니고 무슨 심심한 사과?"라는 댓글이 달려서 씁쓸함을 느끼게 했다. 여기서 '심심(甚深)'은 마음의 표현 정도가 매우 깊고 간절하다는 의미다.

요즘 학생들의 문해력이 떨어지는 현상은 학교에서도 문제가 되고 있다. 2022년에 한국교육개발원이 전국 초등학교 1~2학년 담임교사 257명을 대상으로 '초등학교 1~2학년 국어, 수학 교과서 어휘 지도에 대한 교사의 인식'을 조사했다. 그 결과, 국어 과목은 67퍼센트, 수학 과목은 60.3퍼센트가 '어려움이 있다'라고 답했다. 별도의 어휘 지도가 필요한 학생 수에 대해서는 국어의 경우 학급당 '1~2명(41.3퍼센트)', 수학은 '3~4명(40.5퍼센트)'이라고 답한 비율이 가장 높았다.

많은 공교육 선생님이 교과서 어휘조차 학생들에게 이해시키기가 쉽지 않다고 말한다. 독서 교육을 장려하고 학교마다 나름대로 아침 독서, 독서록 쓰기 등으로 학생들에게 책을 열심히 읽히는데도 오히려 문해력이 점점 낮아지는 이유는 무엇일까?

책 읽는 방법에 문제가 있다

문해력은 글을 읽고 이해하는 능력이다. 아이들이 재미있는 놀잇거리, 볼거리가 넘쳐나는 시대에 책보다는 영상에 익숙해지고 있으니 책 읽기는 언제나 뒤로 밀리고, 문해력 부족은 자연히 뒤따를 수밖에 없다. 아이가 스스로 책을 잘 읽으면 가장 좋겠지만, 실천이 어려울 뿐이다. 어떻게 하면 좋을까?

문해력 전문가인 한양대 국어교육과 조병영 교수는 학생들이 책을 가까이하면서 문해력을 향상하는 방법으로 '능동적인 책 읽기'를 강조한다. 소리 내어 읽으며 밑줄을 긋고, 읽고 난 후에는 서로 의견을 나누는 시간을 갖는 등 능동적으로 책을 읽으면 오래 기억에 남고 한 번 더 생각할 수 있기 때문이다. 그리고 아이가 책과 가까워지게 하고 싶으면 부모가 코치나 선생님이 아니라 함께 읽는 동료가 되어야 한다고 주문한다. 이런 방법들을 맞춤하게 모아놓은 것이 바로 하브루타 독서 토론이다.

책을 많이 읽는 것보다 중요한 것은 한 권의 책이라도 어떻게 읽느냐다. 그 원리와 방법을 제대로 안다면 인생을 바꿀 수 있다. 그것을 아는 사람과 모르는 사람은 세월이 갈수록 엄청난 차이를 만들기 때문이다.

학교에서도 가정에서도 아이에게 책을 읽으라고 지시하기는 하지만 독후 활동을 활발하게 하지는 않는다. 심지어 아이의 손에 책을 쥐어준 것만으로 할 일을 다 했다고 생각하는 부모도 있다. 혼자서만 읽고 느끼고 감동받는 책 읽기가 의미 있는 삶의 변화로 이어지기는 어렵다. 자신이 받은 감동과 변화된 생각을 다른 사람과 교감하고 검증하지 못하면 죽은 독서에 불과하다. 책을 통해 내 삶의 변화를 가져와야 진짜 살아 있는 독서다. 무엇보다 죽은 독서에서는 진정한 재미를 느끼기도 어렵다. 하브루타 독서 토론이 아이의 독서를 생생하고 흥미진진하게 살아 있도록 해준다.

하브루타 독서 토론은 같은 내용을 가지고 서로의 생각을 들어보면서 다른 생각을 한다면 그 근거가 무엇인지, 과연 타당한 근거인지 등에 대해서 토론을 통해 알아간다. 나와 다른 관점에서는 어떻게 생각하고 질문할 수 있는지 들을 수 있어서 의미가 크다. 같은 책을 읽고서 서로의 생각과 의견을 나누며 토론하는 만큼 문해력은 물론 사고력, 표현력, 창의력까지 키울 수 있다.

유아기와 초등 시기의 하브루타 독서 토론

"우리 아이는 대답하는 것을 귀찮아해요."
"우리 아이는 질문하지 말라고 해요."
"우리 아이는 그냥 읽어주기만 하래요."
"우리 아이는 같은 책만 계속 읽어요."
"우리 아이는 책 자체를 싫어해요."

엄마들이 자주 하는 하소연이다. 책을 많이 읽히고 싶은데 아이들이 저런 반응을 보이니 어떻게 해야 할지 모르겠다고 난처해한다.

유아들도 나름의 습관이라는 게 있다. 5~6세까지 몸에 밴 습관에 따라 아이가 책을 싫어하기도 좋아하기도 한다. 혼자 읽겠다고 하기도 하고, 계속 읽어달라고 요구하기도 한다. 이런 점을 무시한 채 책을 읽히려고 아이에게 무리한 시도를 하다가는 오히려 역효과가 나기 쉽다. 천천히 무리하지 않는 선에서 아이에게 책 읽는 습관을 들여야 한다.

알다시피 습관은 하루아침에 만들어지는 것이 아니므로 꾸준한 노력이 필요하다. 게다가 평생 이어지기도 하는 유년기의 습관을 나중에 바꾸려면 엄청난 힘을 들여야 하는 만큼 어릴 때 독서하는 방법을 부모가 잘 안내해야 한다. 예를 들면 그림책 한 권을 읽어줄 때도 무작정 그 내용을 읽어가는 데만 연연하지 말고, 표지부터 함께 보면서 아이와 생각을 나눠보자.

"이 그림은 어떻게 보여?"
"아이의 표정은 왜 그럴까?"
"이 색깔을 보면 무슨 느낌이 들어?"
"이 꽃을 본 적이 있어?"
"이 동물을 보면 어떤 생각이 들어?"
"제목에서 무엇이 느껴져?"

아주 간단한 질문이지만 이렇게 표지를 탐색하는 것만으로도 많은 생각을 나눌 수 있다. 그림책을 본격적으로 읽기 전에 이런 워밍업 과정을 거치면 내용에 대한 아이의 흥미를 더욱 끌어올릴 수 있다. 이때 아이가 대답하기를 주저하거나 어려워하는데도 계속 대답을 강요하면 안 하느니만 못한 결과가 나올 수 있다. 독서에 대한 거부 반응을 보일 수도 있다.

그럴 때는 부드럽고 편안하게 읽어주면서 한 페이지에 한두 가지 질문을 하되, 엄마가 먼저 자기 생각을 말해준다. 이렇게 엄마가 질문하고 엄마가 대답하는 식으로 상당 기간 진행하다 보면 아이도 자연스레 적응이 된다. 엄마의 질문과 대답을 들으면서 아이도 서서히 그런 분위기에 익숙해져 자기 생각을 밝히는 데 스스럼없어진다.

아이가 초등학생 이상이라면 앞서 설명한 다양한 질문의 유형을 떠올리면서 텍스트 내용에 대한 질문들을 만들어서 서로의 생각을 나눈다. 다음과 같이 하브루타 독서 토론을 순서대로 실천하면 훌륭한 독서 토론을 가정에서도 실행할 수 있다.

❶ 아이와 함께 읽을 도서를 선정한다. 예술책, 그림책, 동화책, 위인전, 고전 등 무슨 책이든 하브루타 독서 토론의 재료가 될 수 있다.

❷ 책의 내용을 읽고 각자 질문을 만들어본다. PART 2에서 설명한 질문의 다섯 유형을 활용하면 훨씬 수월할 것이다.

❸ 각자 만든 질문들에 서로 답하면서 자신의 궁금증을 해소하거나 기존 사고를 확장한다.

❹ 서로 생각이 다르거나 논쟁의 요소가 있는 주제에 대해서는 동등한 입장에서 치열하게 찬반 토론을 한다.

❺ 부모는 아이에게, 아이는 부모에게 서로 배우는 스승의 관계가 된 것에 감사하게 생각한다.

왜 유대인은 아이의 배경지식을 쌓아주려고 애쓸까?

토플 시험을 한 번이라도 본 적 있다면 영어 문법 실력만으로는 좋은 점수를 받을 수 없다는 사실을 잘 알 것이다. 비단 토플뿐만이 아니라 학교 시험에서도 여러 분야의 배경지식과 정보를 알고 있으면 문제를 푸는 데 많은 도움이 된다.

어릴 때는 다양한 책을 읽으며 배경지식과 기초 지식을 쌓는데 시간을 쏟아야 하지만, 현실은 그렇지 못하다. 아이가 초등 4학년만 되어도 많은 부모가 이제 고학년이라면서 학습에 전념하기를 바라고 국영수 학원에 보내느라 바빠진다. 책을 좋아하던 아이도 고학년이라는 무게에 짓눌려 책을 멀리한다. 어느 순간 학교에서 권하는 필독서마저 외면하게 된다.

유대인들이 초등 시절에 가장 중요하게 여기는 교육이 있다. 바로 배경지식을 골고루 쌓는 데 필요한 책들을 다채롭게 접하고 그 내용에 대해 집과 학교에서 토론하는 시간을 충분히 갖게하는 것이다. 그렇다면 유대인들은 이런 교육을 왜 그토록 중요하게 여길까? 잡다한 기초 지식은 훗날 사회에서 만나는 다양한 사람과 소통하며 인적 네트워크를 만드는 데도 유용하게 활용되기 때문이다. 박학다식한 배경지식은 대화에서 우위를 점하게 해주고, 긍정적인 인간관계를 형성하는 데 결정적인 역할이 되어주기도 한다.

바로 코앞이 아닌 멀리 내다보는 교육을 한다면 지금 당장 아이에게 무엇이 필요한지 알 수 있다. 아이가 이야기의 주도권을 장악하는 사람이 될 수 있도록 아이와 함께 다양한 책으로 하브루타를 실천해보자.

중고등학교 때는 꿈과 연계된 심층 독서를!

어른들은 아이에게 "네 꿈이 뭐야?"라고 쉽게 묻지만, 자기 꿈을 찾기가 결코 쉽지 않다. 많은 어른이 꿈 없이 살아왔고, 꿈을 이룬 사람보다 꿈을 이루지 못하고 산 사람이 훨씬 많다.

책 읽기는 아이가 꿈을 찾는 데 도움이 된다. 책을 통한 간접 경험으로 다양한 세계를 접하고 각종 직업에 대한 정보를 얻을 수 있기 때문이다. 초등학교 때는 배경지식을 골고루 쌓는 데 집중한다면, 중고등학교 때는 꿈과 연계된 독서와 심층 독서로 넘어갈 수 있도록 부모의 세심한 관찰과 배려가 필요하다.

초등학교 때 관심을 보인 분야의 책이 있다면 아이가 중고등학생이 되었을 때 그다음 단계의 깊이 있는 책으로 나아갈 수 있게 도와주는 것이다. 좀 더 구체적인 예를 들어 초등학생 때 4차 산업혁명에 관한 기초적 정보가 담긴 고수진의 『세종대왕이 4차 산업혁명을 만난다면』을 읽었다면, 조금 더 정보가 많이 담긴 전승민의 『십 대가 알아야 할 인공지능과 4차 산업혁명의 미래』로 넘어갈 수 있게 안내한다. 부모의 관심이 아이를 성장시킨다는 것을 명심하자.

요즘 성인이나 청소년들이 많은 관심을 갖는 분야는 메타버스다. 아이가 디지털 분야에 관심을 보인다면 메타버스가 무엇인지, 가상의 세상은 어떤 세상인지, 그게 우리 삶에 무슨 영향을 주는지 김상균의 『김상균 교수의 메타버스』를 같이 읽고 토론하면서 메타 세상에 대해 함께 알아간다. 디지털 세상을 소개하는 다른 책들도 찾아보고 한 걸음 더 나아가는 시간을 가져보자.

우리 아이는 문과 성향인가, 이과 성향인가?

문과 성향이라면 어떤 교육 전략이 있는가?

이과 성향이라면 어떤 교육 전략이 있는가?

왜 품삯이 같죠?

어느 마을에 큰 포도밭을 가진 사람이 있었다. 그런데 포도밭 주인은 동생에게 농사를 맡기고 세계 각국으로 여행을 다녔다. 1년에 한 번씩 농장을 둘러볼 뿐 동생에게 모든 일을 맡겼다. 어느 날 주인이 긴 여행을 마치고 돌아왔다.

"형님, 여행은 즐거우셨어요?"

"네 덕분에 늘 마음 놓고 여행을 다닌단다. 올해도 농사를 잘 지었구나."

주인은 동생과 함께 포도밭을 거닐면서 일꾼들에게 격려의 말을 건넸다. 그러던 중에 유독 손이 빠른 일꾼이 주인의 눈에 들어왔다.

"저 사람은 손이 무척 빠르군. 다른 사람들보다 몇 배는 일을 잘하는구나."

"네, 형님. 지난달에 들어온 사람인데 일을 무척 빠르고 정확하게 합니다."

주인은 손이 빠른 일꾼을 가만히 쳐다보고는 '정말 굉장히 빠르고 꼼꼼한걸' 하고 다시 한번 감탄했다.

"아우야, 내가 따로 할 말이 있으니 저 사람을 나에게 잠깐 보내거라."

주인의 집 앞에 도착한 일꾼은 몸에 묻은 먼지를 털고 헝클어진 머리도 단정하게 빗었다.

"주인님, 부르셨습니까?"

"나를 처음 볼 텐데 내가 주인인지 어찌 알았소?"

"느낌으로 알아봤습니다."

"허허! 여기로 와서 앉으시오."

"아, 아닙니다. 저는 그냥 여기에 서 있겠습니다."

"사양하지 말고 여기에 앉아서 음료라도 한잔 드시오."

"예, 감사합니다."

주인은 일꾼과 음료를 마시면서 시간이 가는 줄 모르고 이야기를 나눴다. 일꾼은 자신이 살아온 이력이며 포도 농사에 대한 의견도 스스럼없이 말했다. 얼마 후 일꾼은 창밖으로 노을이 지는 것을 보고 깜짝 놀랐다.

"아이쿠, 주인님, 제가 시간이 가는 줄도 모르고 이렇게 앉아 있었습니다. 어서 농장으로 돌아가야겠습니다."

"아, 그렇구먼! 나도 농장에 가야 하니 함께 갑시다."

주인과 일꾼이 포도밭에 도착했을 때는 이미 일이 끝나서 다른 일꾼들은 품삯을 받기 위해 줄을 길게 서 있었다. 손이 빠른 일꾼도 그 줄의 끝에 가서 섰다. 주인집에 가기 전까지 일을 했으니 그만큼의 품삯이라도 받기만 했으면 좋겠다는 생각이었다. 그런데 주인은 하루 임금을 전부 그 일꾼에게 주는 것이었다. 그러자 다른 일꾼들이 주인에게 항의했다.

"주인님, 이건 불공평합니다."

"이 사람은 오후 내내 자리를 비웠습니다. 그러니 돈을 반만 주셔야 합니다. 공평하게 처리해주세요!"

"일한 만큼만 돈을 주세요!"

화가 난 일꾼들이 도끼눈을 뜨고 금방이라도 달려들 기세로 몰아붙이자 주인이 조용히 이렇게 말했다.

"잘 들으시오. 내가 중요하게 생각하는 것은 얼마나 오랫동안 일했느냐가 아니라 얼마나 많은 일을 했느냐요. 이 사람이 반나절 동안 한 일은 당신들이 온종일 한 일보다 더 많소. 그래서 하루 임금을 다 준 것이오. 공평하게 따지자면 이 사람은 그동안 당신들보다 훨씬 많은 돈을 받아야 했을 거요. 당신들도 잘 알고 있을 텐데 그렇지 않소?"

주인의 말에 다른 일꾼들은 아무 말도 하지 못했다.

세상을 살아가려면 무엇이 가장 필요할까? 여러 필수적 요소 중에서 '지혜'를 첫손가락으로 꼽아야 할 것이다. 그렇다면 사물의 이치를 깨닫고 정확하게 처리하는 능력인 지혜는 어떻게 쌓이는 걸까? 예로부터 성현의 책을 통해 지혜를 배웠고, 지금도 마찬가지다. 그런데 책을 혼자 읽고 이해하기보다는 누군가와 같이 토론하면서 생각을 나누어야 지혜가 배가된다.

책은 지식과 정보를 줄 뿐만 아니라 어떻게 살아야 하는지 깊이 생각해보도록 이끌어주는 삶의 이정표 역할을 한다. 우리는 매 순간 나는 여기서 무엇을 하고 있는지, 어떻게 행동하는 것이 나를 위하고 우리 모두를 위하는 것인지 생각하며 행동한다. 책은 생각하는 힘을 키우고 나만의 가치관을 형성하며 도덕적으로 더 나은 단계로 나아가는 데 큰 역할을 한다. 생각하는 힘을 가진 사람은 좀 더 나은 삶을 살기 위해 부단히 노력하며, 주변 환경에 휘둘리기보다 스스로 지혜롭게 판단하고 결정하는 것을 중요하게 여긴다.

이 이야기에서 일꾼은 주인이 없을 때도 열심히 일했을 것이라고 추측할 수 있다. 여행을 떠난 주인이 언제 돌아올지도 모르는데 그때를 노려서 열심히 일하는 척했을 리가 없기 때문이다. 같이 일하는 사람들이 잡담을 하면서 휴식을 취하든 말든 성실하게 일하다 보니 자연스럽게 주인의 눈에도 띄게 되었다.

"한 가지 행동을 보면 열 가지를 알 수 있다"라는 말이 있다. 일꾼은 한순간에 주인의 신뢰를 얻은 게 아니라 그의 성실함이 결국 주인의 신뢰를 얻게 만든 것이다. 책임감을 가지고 성실하게 살아가는 그의 태도는 일꾼의 생각하는 힘에서 비롯된 삶의 지혜다. 이 이야기를 통해 어떻게 행동하면 타인에게 신뢰를 얻을 수 있는지 자신에게 적용해보자.

사람들과 대화하다 보면 "오늘은 진짜 운이 좋은 날이야"라고 말하는 것을 종종 듣게 되곤 한다. 운이란 무엇일까? 자기 노력에 타당하게 여겨지는 결과가 아니라 기대 이상의 결과가 뒤따랐을 때 우리는 운이 좋았다고 생각한다. 하지만 전혀 노력하지 않았는데 갑자기 기대 이상의 결과들이 수시로 나오지는 않는다.

[아이의 메타인지를 높여주는 하브루타 질문]

• 일꾼은 어떻게 손이 빨라질 수 있었을까?

• 다른 친구들보다 더 열심히 청소를 할 수 있는가?

• 내가 일꾼이라면 일을 잘한다고 칭찬받을 때 기분이 어떨까?

• 다른 사람이 잘하는 것에 대해 부러운 적이 있는가?

• 부모님이 나를 신뢰하고 있다고 생각하는가?

• 성공하는 사람들의 가장 큰 장점은 무엇일까?

• 나는 어떤 장점을 가지고 있는가?

• 어떤 장점을 더 키우고 싶은가?

• 책을 열심히 읽고 토론하면 어떤 장점을 키울 수 있을까?

• 가장 기억에 남는 책은 무엇인가?

CHAPTER 2

아이 자신만의
콘텐츠를 함께 쌓아라

21세기에는 객관식 점수를 잘 받는 인재보다는 자신이 원하는 분야 혹은 잘하는 분야를 찾아서 꾸준히 연구하고 성장하는 미래형 인재를 더 높이 평가한다. 다시 말해 자신만의 포트폴리오가 있다면 그것이 콘텐츠가 되고, 그 내용에 따라 평가 대상이 될 수 있다는 것이다.

내 아이만의 콘텐츠를 찾기 위해서는 어릴 때부터 부모의 안내와 도움이 전적으로 필요하다. 무언가에 관심을 가지려면 일단 많은 것을 보고 듣고 느끼며 체험해야 한다. 자신이 원하는 것을 기록하고, 연결하고, 생각하는 과정을 통해 자기가 진정으로 좋아하는 것을 찾을 수 있다. 그런 환경을 만들어주는 것이 부모가 해야 하는 메타코칭이다.

창의성이 높은 아이는 어려서부터 호기심이 넘치고 세상에 대한 궁금증이 많아서 끊임없이 질문한다. 다양한 질문을 같이 해결하고 결과물을 만들어내는 가정환경이 아이에게는 최고의 연구실이나 다름없다. 가정이 연구실이고 가족이 같이 고민하는 연구원이 되어준다면 세상의 변화를 가져올 아이만의 콘텐츠가 탄생할 수 있다.

온택트를 긍정적으로 활용하라

많은 부모가 아이의 게임 문제로 갈등을 빚는다. 게임뿐만 아니라 스마트폰을 손에서 놓지 않거나 유튜브를 하루 종일 보는 문제로도 아이와 수시로 갈등한다. 무작정 하지 못하게 막는 방법으로는 문제 해결이 아니라 아이와의 관계만 더 나빠져 부모의 말을 아예 들으려고 하지 않는 지경에 이른다.

아이는 이미 재미있는 게임의 맛을 알았고, 다양하고 자극적인 유튜브 세상을 경험해버렸다. 하루 종일 친구와 '카톡'을 하는 데 익숙해졌다. 오히려 역발상으로, 아이가 익숙해진 문명의 이기를 긍정적으로 사용하게 할 방법은 없는지 고민해보자. 스마트 기기들을 통해 아이가 무엇을 할 수 있는지 찾는 것이 더 바람직하다.

아이가 곤충을 좋아하면 곤충 일기를 유튜브로 촬영하게 한다거나, 요리를 좋아하면 블로그에 요리 레시피를 글과 사진으로 남기게 하는 방법도 있다. 아이가 책을 좋아하면 책을 읽고 난 후의 느낌이나 생각을 글로 정리해서 아이 계정의 블로그나 SNS에 차곡차곡 아이의 사고가 어떻게 성장하는지 기록하게 하는 방법도 있다. 말하는 것을 좋아하는 아이라면 책을 읽고 친구들과 온라인에서 서로 대화하고 토론하는 경험을 꾸준히 하도록 격려하는 방법도 있다.

무조건 못 하게 하는 것이 능사는 아니다. 부정적으로 보이는 아이의 활동도 긍정적인 활동이 되도록 안내하는 것이 더 중요하다. 내 아이만의 콘텐츠를 찾아내서 성장하도록 돕는 것이 부모가 해야 할 메타코칭이다.

꾸준함을 위한 격려와 지원

부모가 아이를 위해 꼭 해야 할 일이 있다면 그것은 관찰하기다. 일단 아이가 정말로 무엇에 관심이 있는지, 혹은 잘하는 것이 무엇인지부터 파악해야 작은 계기라도 놓치지 않고 성장할 수 있도록 물질적·정서적 지원을 하는 것도 가능해진다.

또한 아이들은 아무리 좋아해도 꾸준하기가 힘들다. 이때 부모가 함께하여 더 확장된 자료나 체험을 접하도록 동행하고 안내한다. 어떤 결과물이 나오려면 단기간에는 어렵다. 지속성을 유지하도록 격려하고 함께할 때 가능하다. 내 아이만의 남다른 특별함을 같이 찾아내고 키워가도록 돕는 것이 부모의 메타코칭이다.

아이가 온라인 학습에 익숙한가?

아이는 온라인을 유익하게 이용하는가?

**아이가 온라인을 부정적으로 사용한다면
그 내용을 구체적으로 알고 있는가?**

아이의 적성을 찾아가는 하브루타 메타코칭

세 딸들

옛날에 세 딸을 둔 사나이가 있었다. 세 자매는 모두 예뻤으나, 그들은 제각기 한 가지씩 결점을 지녔다. 큰딸은 게으름뱅이였고, 둘째 딸에게는 훔치는 버릇이 있었으며, 셋째 딸은 험담하는 버릇을 가지고 있었다.

한편 아들 삼 형제를 둔 어떤 부자가 있었는데, 그 부자가 세 자매를 모두 자기네 집으로 시집보내지 않겠느냐고 청해왔다. 세 자매의 아버지가 자기 딸들이 지니고 있는 결점을 그대로 말했는데도, 부자는 그런 점들은 자신이 책임지고 고쳐나가겠다고 장담했다.

이렇게 하여 세 자매는 시집을 가게 되었다. 시아버지는 게으름뱅이인 첫째 며느리에게는 여러 명의 하녀를 고용해줬고, 남의 것을 훔치는 버릇이 있는 둘째 며느리에게는 큰 창고의 열쇠를 맡겨서 무엇이든지 갖도록 해줬다. 그리고 남을 헐뜯기 좋아하는 셋째 며느리에게는 매일같이 오늘은 험담할 것이 없느냐고 물어줬다.

어느 날 친정아버지가 딸들이 어떻게 지내는지 궁금하여 사돈댁을 찾아갔다. 큰딸은 얼마든지 게으름을 피울 수 있어서 즐겁다고

193

말했고, 둘째 딸은 갖고 싶은 것은 무엇이든지 가질 수 있어서 좋다고 말했다. 그러나 셋째 딸은 시아버지가 자신에게 남녀 관계를 꼬치꼬치 캐묻기 때문에 귀찮다고 말했다.

그런데 친정아버지는 자기 셋째 딸의 말만은 믿지 않았다. 왜냐하면 셋째 딸은 시아버지까지도 헐뜯으며 욕하고 있었기 때문이다.

부모는 아이의 타고난 성향과 장단점들을 잘 알고 있어야 한다. 그런데 생각보다 많은 부모가 자기 아이이므로 잘 안다고 착각하는데 실제로는 그렇지 못하다. 아이에 대해 잘못 파악하거나 타고난 성향을 제대로 이해하지 못해서 아이와의 관계가 힘들어지기 일쑤다. 사실 타고난 성향은 바뀌기가 쉽지 않지만, 아이에게 부족한 점이나 단점들은 부모와 소통하는 과정에서 충분히 보완될 수 있어서 결과적으로는 아이가 달라진 것처럼 보이게 된다.

일단 아이의 성향이나 장단점을 똑바로 파악하기 위해서는 평소에 '관찰'을 잘해야 한다. 감시가 아닌 관찰을 통해 아이 자신이 잘 모르는 부분을 부모가 보완하고 도와줄 수 있기 때문이다. 아이를 유심히 관찰하면 아이가 무엇에 관심을 보이며 무엇을 잘하는지, 무엇에 어려움을 느끼는지 파악하게 되므로 아이의 적성을 같이 찾아주는 데도 큰 도움이 된다.

이 이야기 속 첫째 딸처럼 아이가 게으른 성향이라면 몸을 많이 움직이는 직업보다는 큰 움직임 없이 한곳에 앉아서 일할 수 있는 직업에 거부감이 없을 것이다. 몸을 많이 쓰지 않고도 할 수 있는 일들에 대해 많은 이야기를 나누다 보면 아이의 단점을 장점으로 이끌어내는 방법을 찾을 수 있다.

둘째 딸의 훔치는 버릇은 강한 소유욕, 즉 내 것으로 만들겠다는 지나친 욕심이 실제 행동으로까지 발현된 것이다. 욕심이 많은 아이라면 그 욕심을 장점으로 승화시키도록 도와줘야 한다. 경쟁심이 장점으로 부각되는 일들에 관심을 갖도록 이끌고, 정당하게 경쟁하여 결과물을 만들어내도록 다양한 분야로 안내하는 것은 결국 아이의 적성을 찾는 지름길이다.

셋째 딸은 험담을 잘하고 없는 이야기까지 지어내기도 하는데, 이는 이야기를 잘 만들어내는 능력으로 이어질 수 있다. 이야기를 만들어내는 능력은 소설 등을 쓰는 작가들의 가장 큰 장점이다. 아이가 셋째 딸 같은 버릇을 가지고 있다면 자기 단점을 장점으로 바꾸어 이야기를 써보도록 장려하자. 그렇게 쓴 이야기에 격려와 칭찬으로 지지해준다면 아이는 작가로서 멋진 삶을 살 수 있지 않을까 생각한다.

성공적인 적성 찾기란 타고난 성향과 기질을 잘 이해하고 장단점을 잘 파악하여 진로 선택에 적절히 적용하는 것이 아닐까. 아이가 자신만의 적성을 찾는 과정에서 부모의 생각과 경험을 강요하거나 주입하지 않도록 주의하자. 대신 충분한 소통과 이해를 바탕으로 아이가 스스로 자기 적성을 찾고 미래를 계획할 수 있도록 메타인지를 키울 수 있는 다양한 질문을 건네보자.

[아이의 메타인지를 높여주는 하브루타 질문]

• 아이의 장점은 무엇인가?

• 아이의 단점은 무엇인가?

• 아이의 단점이 장점으로 변하도록 그 관점을 바꾼다면?

• 아이가 요즘 무엇에 관심을 갖고 있는가?

• 아이가 적성을 찾는 데 부모는 어떤 역할을 하고 있는가?

• 아이가 적성을 찾는 데 구체적으로 어떤 도움을 주고 있는가?

• 적성을 꿈과 연결하기 위해 아이와 대화를 나누고 있는가?

• 아이의 적성을 찾기가 힘들면 어떻게 해야 할까?

• 적성을 잘 찾아서 산다는 것은 어떤 의미일까?

• 세상의 다양한 직업군에 대해 얼마나 알고 있는가?

CHAPTER 3

이기는 것보다
협업이 중요하다

미래 사회에서 높이 평가받는 것은 경쟁하는 능력이 아니라 협업하는 능력이라고들 얘기한다. 혼자 똑똑한 인재보다는 협업의 의미를 알고서 함께 공동의 결과물을 만들어내는 것이 미래형 인재의 중요한 덕목이다. 이 덕목을 갖추려면 어려서부터 집단 지성을 발휘하는 훈련을 꾸준히 하면 된다. 여기서 중요한 점은 작은 일부터 협업을 실천해 이뤄내는 경험을 쌓아가게 해주는 것이다.

초등 시기에는 함께하는 캠프 활동이나 공동 프로젝트를 경험하게 해주는 것이 좋다. 협업하는 동안 필연적으로 빚어지는 갈등이나 불편함을 이해하고 극복하면서 문제를 해결하는 시간은 조화로운 사회인으로 성장하는 밑거름이 되어준다.

내 큰딸은 초등학교 때 청소년 단체인 스카우트 대원이었다. 캠프에서 식사를 직접 준비하는 과정에서 제 역할에 충실하지 못한 친구를 이해하고 함께해야 했다. 아이들끼리 끼니를 해결한 2박3일 동안, 각자 맡은 역할을 충실히 해내면서 협력하지 않으면 대원들이 제대로 식사할 수 없다는 소중한 경험을 했다고 큰딸이 말한 기억이 있다. 갑자기 쏟아진 장대비로 빗물이 텐트 안으로 밀려드는 바람에 모두가 힘을 합쳐서 어떻게 대처했는지 무용담처럼 얘기하기도 했다.

이런 협업의 경험 외에도 가족이 무엇인가를 함께 성취하는 과정이나 친한 친구들과 함께 소그룹으로 소소한 결과물을 만들어내는 과정을 수시로 경험하게 하는 것도 괜찮은 방법이다.

다양한 놀이로 협업을 배우는 아이들
···

놀이를 할 때 보면 아이의 성격이 드러난다. 아이마다 성향이 달라서 놀이를 즐기는 데 집중하는 아이가 있고, 이기고 싶은 욕구가 강하여 협업의 분위기를 해치는 아이가 있다.

경쟁심이 많은 아이는 놀이도 경쟁하듯이 한다. 지지 않으려고 안간힘을 쓴다. 다 같이 즐기면서 놀이를 하면 좋은데 자기 생각만 고집하거나, 규칙을 잘 지키지 않거나, 과격한 행동이나 심한 말을 해서 분위기를 망치기도 한다. 그런 행동을 해서는 안 되는 이유와 함께 그런 행동은 좋은 결과를 만들어내지 못한다는 것을 아이에게 잘 설명해야 한다.

아이에게 놀이는 기본적인 욕구다. 놀이를 통해 아이는 많은 것을 배운다. 친구들과 놀면서 협동심, 소통력, 배려하는 마음이 길러진다. 무엇보다 자기감정을 조절하는 법을 터득한다는 것이 중요하다.

내 큰딸은 어릴 때 무엇이든 자기가 잘해야 하고, 이기고만 싶어 했다. 놀 때도 어김없이 그런 성격이 드러났다. 친구들에게 큰딸은 부담스러운 존재였다. 재미 삼아 하는 달리기에서도 어떻게든 1등을 하고 싶어 하고, 만족스럽지 못한 결과에는 짜증을 냈다. 이런 모습은 다른 부모들도 불편하게 했다.

그래서 큰딸이 규칙을 지키며 기분 좋게 1등을 할 수 있도록 휴일이나 저녁 산책 시간에 달리기를 연습시키고 철봉으로 근력을 키워주면서 아이가 놀이의 재미를 알게 끊임없이 설명하고 이해시켰다. 아이의 변화에 조급해하지 않고 꾸준히 그렇게 했더니 큰딸이 조금씩 나아졌다. 이렇듯 어린 시절에는 부모가 지속적인 안내로 도와주는 것이 중요하다.

아이가 잘 놀 수 있는 기회와 시간을 확보해줄 것

다른 아이들과 잘 어울려 노는 아이가 대체로 성격도 좋은 편
이다. 친구들과 같이한다는 자체가 잘 어울리는 법을 알고 있다
는 뜻이다.

사회성은 다양한 사람과 긍정적인 관계를 맺고 원만하게 소
통하는 능력을 말한다. 친구가 많고 쉽게 친해지며 관계를 잘
맺는다는 것은 사회성이 높다는 의미이며, 어떤 상황에서든 적
절하게 대처하고 능숙하게 행동한다는 증거다.

아이가 어릴 때 집단 속에서 잘 어울려 노는 법을 배우도록
놀이 시간을 허용해주는 것도 부모의 지혜로운 배려다. 아이에
게는 가정이 사회성을 배우는 첫 번째 장소이고, 밖에서도 놀
수 있는 나이가 되면 또래 친구들과 이루는 사회가 그 두 번째
장소다. 여기서 아이는 집에서와는 또 다른 사회생활을 경험하
게 된다.

하지만 갈수록 아이가 놀 시간도, 놀 수 있는 곳도 줄어드는
게 현실이다. 어릴 때부터 좋은 대학에 입학하는 것을 목표로
조기 학습에 집중하다 보면 또래들과 노는 경험이 적을 수밖에
없다.

이미 어른이 된 부모는 지식과 인지능력만으로 사회생활을
잘할 수 없다는 것을 뼈저리게 안다. 그런데도 아이를 위하는

일이라면서 오늘도 노는 시간보다는 공부하는 시간을 강요하고 있지는 않은가. 사실 아이들은 놀기만 잘해도 인지, 정서, 사회성이 균형 있게 발달한다. 친구들과 잘 놀 수 있는 기회와 시간을 확보해주는 게 부모의 역할이다.

우리 아이는 다른 친구들과 잘 어울려 노는가?

아이가 친구들과 어울리기 어려워한다면 왜 그런지 알고 있는가?

아이가 친구들과 노는 시간은 얼마나 되는가?
주로 무엇을 하며 노는가?

아이의 공동체 의식을 일깨우는 하브루타 메타코칭

보트 구멍을 막아서
천만다행이야

아빠와 엄마, 그리고 두 아들은 매년 여름이면 집 근처의 강으로 나가서 보트 타기를 즐겼다. 보트 위에서 낚시도 하고, 강 한가운데 까지 노를 저어 가기도 했다.

어느새 여름이 지나고 찬바람이 부는 가을이 왔다. 아이들은 무척 아쉬워했다.

"왜 이렇게 여름이 짧은 거야. 1년 내내 여름이었으면 좋겠어. 그럼 물놀이를 매일 할 수 있잖아."

"그러게 말이야. 내년 여름까지 어떻게 기다린담."

아빠는 두 아들을 달래면서 보트를 보관하려고 창고로 가져갔다.

"내년 여름에 다시 타면 되니까 너무 실망하지 마. 이리 와서 아빠를 좀 도와주렴. 보트가 꽤 무겁구나."

아빠와 두 아들은 끙끙거리며 보트를 옮겼다. 그런데 옮기는 과정에서 보트 밑바닥이 땅에 쏠리는 바람에 작은 구멍이 나고 말았다.

"이런, 구멍이 났네. 이거 어쩌지?"

"아빠, 제가 보트를 수리하는 사람을 부를까요?"

아빠는 잠시 고민하다가 고개를 내저었다.

"아니, 됐다. 이제 곧 겨울이고 여름이 되려면 아직 멀었으니까 나중에 고치자."

그렇게 아빠는 보트 수리를 다음으로 미뤘다.

가을이 지나고 겨울도 지나고 봄이 왔다. 아빠는 일을 하다가 창고에 있는 보트를 보더니 중얼거렸다.

"이제 곧 여름인데 보트에 페인트칠을 좀 해야겠군."

며칠 뒤, 아빠는 페인트 기술자를 불러서 보트에 페인트칠을 부탁했다.

늦은 밤, 일을 마치고 온 아빠는 말끔하게 페인트칠이 된 보트를 보고 만족했다.

"아주 꼼꼼히 칠해놓았군."

어느새 봄이 가고 여름이 되었다. 두 아들은 폴짝폴짝 뛰며 소리쳤다.

"와, 여름이다! 아빠, 이제 보트를 타러 가도 돼요?"

"물론이지!"

아빠는 보트에 작은 구멍이 났다는 사실을 까맣게 잊고 있었다.

두 아들은 보트를 끌고 강가로 갔다. 이윽고 보트가 강물 위로 둥둥 뜨자 오랜만에 다시 보트를 탄 아이들은 너무나 기쁘고 행복했다.

"와, 정말로 재미있다. 우리 저쪽으로 가볼까?"

"그래, 좋아!"

두 아들은 보트를 타고 강 한가운데로 나아갔다.

한편 일을 하던 아빠는 불현듯 보트에 구멍이 나 있다는 사실이 떠올랐다.

"큰일 났네. 보트에 구멍이 뚫려 있는데! 내 아이들, 내 아이들, 내 아이들!"

아빠는 일을 하다 말고 정신없이 강으로 내달렸다. 강으로 뛰어가는 내내, 아빠의 마음은 불안하고 두려웠다.

'이거 어떡해. 아이들은 수영도 못하는데, 제발 아무 일도 없어야 하는데…… 혹시 강물에 빠져서 허우적거리고 있는 건 아닐까?'

아빠가 거친 숨을 몰아쉬며 강가에 도착해보니 아이들은 재잘거리면서 보트를 강가로 끌어내고 있었다.

"어, 아빠! 아빠가 웬일이세요?"

아빠는 두 아들을 와락 껴안았다.

"너희 괜찮니? 정말로 괜찮아?"

"네, 우리는 괜찮은데요."

아빠는 비로소 안도의 한숨을 내쉬었다. 그리고 보트의 밑바닥을 자세히 살펴봤다.

"어, 이상하다. 분명히 여기쯤 구멍이 있었는데 누가 고친 거지?"

그 순간, 아빠의 머릿속에는 페인트 기술자가 떠올랐다. 아빠는 곧바로 그를 찾아갔다.

"당신이 우리 보트 밑바닥의 구멍을 막아놓으셨죠?"

페인트 기술자는 눈을 깜빡거리며 고개를 끄덕였다.

"아, 그거요? 보트에 구멍이 있기에 제가 손 좀 봤습니다. 그런데 왜 그러시죠?"

"고맙습니다. 당신 덕분에 우리 아이들이 살았습니다. 정말로 고맙습니다. 그때 저는 페인트칠만 부탁했는데……."

"페인트를 칠하다 보니 구멍을 발견하게 되었고, 혹시나 나중에 구멍을 안 막고 탈까 봐 제가 막아놓았습니다. 그저 제가 할 일을 했을 뿐인데 고맙긴요."

아빠는 페인트 기술자에게 고개를 숙여서 다시 한번 감사의 인사를 전했다.

누군가의 헌신이 한 사람의 생명을 구하고, 어느 가정을 구하기도 한다. 내가 속한 공동체가 행복하려면 구성원 모두가 이웃을 소중하게 여기는 문화가 형성돼야 한다. 대가를 바라지 않고 서로 봉사와 헌신을 하는 사회는 우리가 희망하는 가장 아름다운 사회가 아닐까.

세상은 혼자 살아갈 수 없기 때문이다. 작게는 가족에서 지역사회, 크게는 국가라는 공동체까지 우리는 크고 작은 무수한 공동체에 동시에 속해 있다. 또한 사회는 보이는 것과 보이지 않는 것이 무수히 시스템을 이루어 유기적으로 돌아간다.

이 이야기 속의 가족이 보트를 타는 데도 보트를 관리해주는 기술자가 있어야 매년 안전하게 탈 수 있다. 서로 건강한 공동체 의식을 가지고 안전하게 살아갈 때 내가 속한 사회 공동체 안에 있는 모든 사람이 더불어 행복할 수 있다. 아이와 함께 '나는 사회를 위해 무엇을 할 것인가?'에 대해 고민해보고 생각을 나누는 시간을 가지자. 이런 시간을 거쳐야 아이는 높은 메타인지로 선한 영향력을 꿈꾸게 된다.

페인트 기술자의 행동은 결과적으로 두 아이의 생명을 살리는 위대한 일이었다. 당연히 해야 할 일은 아니었는데도, 수리를 해달라는 요구가 없었는데도 당연한 일처럼 대가를 생각하지 않고 구멍을 막아준 선한 행동 덕분에 두 아이가 귀한 생명을 잃지 않을 수 있었다. 페인트 기술자와 같은 생각을 하는 사람이 많은 사회일수록 아이들이 살기 좋은 행복한 세상일 것이다.

아이와 함께 이 이야기를 읽고 다음과 같은 질문들을 주고받으면서 페인트 기술자의 마음을 수용하고, 자율적으로 행하는 작은 선행들이 어떻게 크고 위대한 일들로 연결되는지 이야기를 나눠보자.

[아이의 메타인지를 높여주는 하브루타 질문]

- 위험하다고 느낄 정도의 일을 경험한 적이 있는가?
- 그런 일이 있었다면 어떤 일이었고, 그때 어떻게 대처했는가?
- 누군가 위험에 처했다고 느끼고 도와준 적이 있는가?

- 내가 크게 도움을 받은 적이 있는가?

- 페인트 기술자의 행동에서 느낀 점이 있다면?

- 나의 공동체를 위해 한 일이 있다면 무엇인가?

- 한 사람의 성실한 행동이 공동체에 어떤 영향을 준다고 생각하는가?

- 위험한 상황에서 지혜롭게 대처한 적이 있는가?

- 어떤 어른이 되고 싶은가?

- 어떤 직업을 갖고 싶은가? 그리고 어떤 마음으로 일하고 싶은가?

CHAPTER 4

기초 학습 습관이
인생의 차이를 만든다

근본적인 학습법을 터득하는 것은 처음에는 큰 차이가 나지 않더라도, 시간이 지날수록 터득한 사람과 터득하지 못한 사람은 아주 다른 인생을 살게 된다. 어떤 지식이든 쉽게 배우고 내 것으로 소화하여 속도감 있게 현실에 적용할 수 있기 때문이다. 기본적인 학습 습관은 언제 어떻게 잡아주면 좋을까?

유아기에는 아이의 학습 시간을 무리해서 늘리려는 시도가 결코 바람직하지 않지만, 초등학교에 들어가면 이제 이야기가 좀 달라진다. 그저 공부하는 시간을 단순히 늘리라는 이야기가 아니다.

하루 중 일정 시간 책을 읽거나, 숙제는 어떤 일이 있어도 정해진 시간까지 끝내는 습관을 들인다. 이런 시간을 잘 지키는 것부터 습관화되면 얼마든지 자기주도적인 학습이 가능하다. 아침 시간에 수학 세 문제를 푼다든지, 저녁 시간에 영어 단어 3개는 꼭 외우는 습관도 쉽게 몸에 익힐 수 있다.

아이마다 타고난 성향이 있다. 그렇다면 학습 방법도 다르게 적용해야 한다. 예를 들면 공부의 양을 시간으로 정해도 무방한 아이가 있는데, 그런 아이는 미리 계획한 시간표대로 정확히 시간을 지켜가며 공부해야 편안해한다. 반면에 시간보다는 공부의 양을 정해서 그 양만 끝내면 나머지 시간은 알아서 사용하도록 허용했을 때 효과가 큰 아이도 있다.

어떤 아이는 학원을 너무 많이 보내면 몹시 부담스러워한다. 그럴 때는 아이와의 대화를 바탕으로 학원 개수를 조절해줘야 한다.

그런데 선생님이 좋으면 신나서 그 과목만 열심히 공부하는 아이가 있다. 혹은 자신이 좋아하는 분야의 공부는 열심히 하지만 싫어하는 과목에는 관심을 두지 않아서 학교 성적이 전체적으로 잘 나오지 않는 아이도 있다. 이런 아이와는 대화를 통해 싫어하는 과목도 공부해야 할 필요성을 수시로 깨우쳐주거나, 아이가 그런 과목에도 관심을 갖도록 다양한 방법으로 유도하는 것이 좋다.

지나친 선행학습은 아이의 호기심을 죽인다

선행학습의 기본 취지는 본격적으로 배우기에 앞서 먼저 예습 차원에서 관심을 가지고 들여다보게 하는 데 있다. 그런데 우리 현실에서는 본래 학년의 학습 수준을 훨씬 뛰어넘어 미리 공부함으로써 다른 아이들보다 월등해지는 것을 선행학습의 목표로 한다.

특히 사교육 현장에서는 부모의 불안한 심리를 자극해서 선행의 의미를 왜곡하고 부추기는 일이 많다. 부모는 조급한 마음에 조금이라도 더 선행하여 진도를 빨리 나가기를 바라며, 아이는 그만큼 더 힘들게 공부해야 하고, 이해하기 어려운 내용에 절망하면서 자존감은 떨어지는 악순환이 반복된다.

물론 선행학습이 절대적으로 필요한 아이도 있다. 특별한 영재성이 있거나 천재라고 판단되는 아이들은 하나를 익히면 둘을 알기 때문에 뛰어난 능력에 맞추어 학습 진도를 나가는 편이 바람직하다. 특히 과학 영재들은 다양한 실험이나 과학 관련 학습, 혹은 수학 관련 선행이 필요하다. 과학의 원리를 알아가자면 수학 선행은 필수이기 때문이다.

그러나 대부분의 아이들은 영재와 천재라기보다 보통의 지능과 능력을 타고나므로 영재교육과는 다른 예습 차원의 선행학습이 적합하다. 선행학습을 시켜야겠다면 예습 차원에서 1년,

아이가 습득력이 좋으면 2년 정도가 큰 무리 없이 무난하고 즐겁게 배우도록 할 수 있다.

지나친 선행학습은 뇌를 혹사하는 것과 다름없다. 배움에 대한 즐거움과 호기심마저 없앨 수 있으므로 무턱대고 남들이 하니까 따라 하는 식의 선행학습은 지양해야 한다. 게다가 과도한 선행학습은 아이의 건강한 정신을 해치거나, 자신감 하락으로 오히려 보통 수준이었던 아이의 학습 능력을 더 떨어뜨리는 결과를 가져올 수도 있다. 자기 나이에 맞는 학습으로 즐겁게 접근하고 기본기를 튼튼히 다지는 것이야말로 멀리 보는 학습 전략이며 학습 의욕을 높이는 지름길이다.

학습은 중고등학교 때까지만 하고 끝나는 과정이 아니다. 대학에 입학해서 자신이 원하는 분야를 본격적으로 배워야 하는 시기에 진정한 학문을 시작하게 된다. 그 시기에 도달하기도 전에 무리한 학습으로 지쳐버려서 공부에 대한 흥미를 잃어버린다면 인생의 기회를 잡지 못하는 아쉬움을 남길 수 있다.

학습, 멀리 보고 뛰어야 하는 마라톤

독서 습관은 백번 강조해도 과하지 않다. 그만큼 성장기의 독서량은 아이의 학습에 많은 영향을 주기 때문이다. 다양한 배경지식은 모든 학문의 바탕이 되어준다. 독서는 많은 위대한 인물을 만나는 간접체험의 장이기도 하다. 세상의 모든 것을 직접 경험한다는 것은 불가능한 일이다. 그래서 독서를 통해 자기 상황에 투영하고 시뮬레이션을 해보면서 자신을 알아가는 시간이 절대적으로 필요하다.

또한 앞서 얘기했듯이 학습은 멀리 보고 뛰어야 하는 마라톤이다. 그렇다면 건강은 필수적이다. 몸이 아프면 학습 의지가 있다고 해도 공부 효과가 현저히 떨어진다. 고등학교 시절을 되돌아보면 쉽게 피곤해하지 않는 지구력이 무엇보다 필요한데, 그 같은 지구력은 건강한 신체에서 나온다. 어려서부터 매일 꾸준히 운동하는 습관을 들여놓아야 면역력도 좋고 질병에 강한 신체로 학습을 비롯한 모든 일에서 강인한 지구력을 발휘할 수 있다.

공부만 잘한다고 행복한 삶을 사는 조건이 모두 갖춰지는 것은 아니다. 세상에는 다양한 문화가 공존하고, 아이 역시 그런 문화들을 골고루 즐길 수 있도록 키워야 한다. 문화를 즐기는 습관도 어려서부터 몸에 체화해놓지 않으면 어른이 되어서도 문화생활을 잘 즐기지 못한다. 각종 음악 장르를 섭렵하고 미술에 대한 조예도 갖추는 등 예술에 대한 깊은 관심으로 아이가 관련 활동들을 취미로 삼는다면 얼마나 풍요로운 삶을 살게 될지 상상만 해도 즐겁지 않은가.

아이와 손을 잡고 한 달에 음악회, 전시회, 영화관 등을
함께 가는 횟수는?

나는 문화를 즐기는 편인가?

가족 모두가 함께 즐기는 문화로는 무엇이 있는가?

공부의 의미를 일깨우는 하브루타 메타코칭
랍비 힐렐

힐렐은 지금으로부터 2천여 년 전 바빌로니아에서 태어났다. 스무 살이 되었을 때 이스라엘로 유학을 가서 훌륭한 랍비 두 분을 모시고 공부했다. 당시에 로마제국의 지배 아래에 있었던 이스라엘 유대인들은 몹시 비참하고 고통스러운 생활을 이어가고 있었다.

힐렐은 공부를 하기 위해 돈을 벌어야 했는데 하루 종일 뼈 빠지게 일해도 겨우 동전 한 닢만 벌 수 있을 뿐이었다. 그 동전의 반으로 학비를 내고, 나머지 반으로 생활했다. 그 때문에 힐렐은 늘 굶주렸다. 그래도 그럭저럭 지내고 있었는데, 어느 날에는 일거리를 얻지 못하여 그 한 닢마저 벌지 못했다.

'배고픈 것은 참을 수 있지만, 배울 수 없는 것은 참을 수 없다. 그러니 꼭 배워야겠어. 하지만 수업료가 없으니 교실로 들어가 강의를 들을 수는 없고…….'

힐렐은 궁리 끝에 학교의 지붕 위로 올라가 굴뚝에 귀를 대고 천창으로 훔쳐보면서 교실에서 진행되는 강의를 들었다. 그러나 배고픔과 피로에 지친 힐렐은 강의를 듣다 말고 쓰러져 잠이 들었다. 마침

겨울이라 그의 몸 위로 눈이 내려서 쌓였다.

다음 날 아침, 강의가 시작됐는데 교실이 깜깜하여 학생들이 천장을 올려다봤다. 천장의 채광창이 사람의 몸으로 가려져 있었다.

"지붕 위에 누군가 있다!"

학생들은 지붕 위로 올라가서 꽁꽁 얼어붙은 힐렐을 발견했다. 그들은 곧 힐렐을 끌어내려 언 몸을 녹이기 시작했다. 다행히 힐렐은 죽지 않고 살아 있었으며 잠시 뒤에 깨어났다.

이후 유대인 학교에서는 수업료를 받지 않게 되었고, 힐렐은 무료로 공부할 수 있었다. 열심히 공부한 힐렐은 훌륭한 랍비가 되어서 사람들의 존경을 받았다.

배움이란 삶에서 떼어놓고 생각할 수 없는 과정이다. 인간답게 살아가는 데 배움은 필수적이기 때문이다. 죽을 때까지 이어지는 배움을 통해 우리는 좀 더 완성된 인간에 다가선다.

이제 막 배우기 시작한 아이들에게는 배움에 대해 긍정적인 생각을 가지고 정신적으로 준비하는 과정이 절대적으로 필요하다. 공부란 무엇인지, 삶을 살아가는 데 꼭 필요한 기본 지식은 무엇인지, 어떤 분야에 관심이 가는지, 그 관심을 키워서 어떤 전공을 선택하고 무슨 연구에 몰입하여 사회에 헌신하고 공헌할 것인지 등을 깊이 생각하는 시간을 따로 가져야 한다.

이 과정이 순조롭게 진행될 때 아이의 메타인지가 작동하여 아이는 어떤 삶을 살아갈지 자신만의 분명한 방향을 설정하고 성공한 삶을 살 수 있다. 메타인지가 높은 사람에게는 자신이 원하는 삶을 살 수 있는 힘이 있다.

[아이의 메타인지를 높여주는 하브루타 질문]

• 공부를 잘하면 훌륭한 사람이 되는가?

• 공부에 대해 어떻게 생각하는가?

• 모든 사람이 공부를 해야 할까?

• 어떤 과목이 가장 재미있는가?

• 가장 쉬운 과목은 무엇인가?

• 어떤 사람이 되고 싶은가? 왜 그런 사람이 되고 싶은가?

• 존경하는 사람은 누구인가? 그 사람을 존경하는 이유는?

• 공부를 안 하면 자기가 원하는 사람이 못 되는 걸까?

• 공부가 재미있으려면 어떤 방법이 좋을까?

• 공부 외에 내가 가장 잘하는 것이 있다면?

CHAPTER 5

경제 교육으로
아이의 평생 경제력을 준비하라

부모 세대에게 어릴 때 경제 교육를 받은 적이 있는지 물어보면 대부분 비슷한 대답을 한다.

"경제 교육요? 기억에 없는데요."

"부모님한테서도 따로 경제에 대해, 돈에 대해 구체적으로 배워본 적이 없어요."

물론 나 역시 경제 교육을 받은 기억이 없다. 그런데 불행하게도 우리 아이들 세대에게도 여전히 같은 상황이 반복되고 있다는 사실이 정말 황당하다.

자본주의 시장경제 속에 살면서 경제에 대해, 돈에 대해 구체적으로 가르치지 않는다면 '앙꼬 없는 찐빵'과 같은 교육이다.

아이를 교육하는 데 치명적인 잘못이 아닐 수 없다. 그런데도 실제 학교 교육과정에서조차 정작 경제 파트가 점점 줄어들면서 시대에 역행하고 있다. 교육기관의 변화를 기다리는 동안 아이들은 현실적인 경제 관념을 형성하지 못한 채 초중고 시절을 다 보내고 성인이 되어서 어려움에 직면하게 된다.

이제 부모들이 나서야 할 때다. 내 아이의 경제 교육을 위해서는 가정에서부터 부모가 적극적인 자세를 보여야 한다. 경제 관련 책들을 같이 읽으면서 고민하고 세상의 경제 흐름을 알아가는 세상 읽기 교육이 필요하다. 경제 신문을 활용해 매일 하루 10분이라도 생각을 나눈다면 아이의 평생 경제력을 키워줄 수 있다.

투자의 의미부터 제대로 가르쳐라

부모 세대인 우리도 착각하는 게 있다. 바로 '투자'와 '투기'를 혼동하는 것이다. 예를 들면 주식에 투자하는 사람을 노력하지 않고 돈을 벌고자 하는 투기꾼으로 보는 경향이 많다. 21세기임에도 경제 교육을 구체적으로 받지 못한 세대는 그저 막연한 부정적 관점으로 주식 투자를 오해하는 것이다. 심하게 말하면 도둑 심보로 남의 것을 욕심내는 일로 바라보는 것이다.

그러나 투자의 기초 개념부터 주식 1주(株)가 기업에는 무슨 의미인지, 주식을 소유한 사람에게는 어떤 이익을 가져다주는지, 기업 입장에서 주주란 또 무슨 의미인지 등을 아이에게 일찌감치 가르쳐줘야 한다. 실제로 아이가 관심을 보이는 회사의 주식을 몇 주라도 사서 투자란 무엇인지 생생하게 알려주자. 그 회사가 무슨 일을 추진하고 있으며, 그 일이 회사의 성장에 어떤 기여를 할 것인지 예상하고 공부하면서 주주로서 참여하는 과정을 아이가 어릴 때부터 배운다면 큰 경제 교육이 될 것이다. 경제 교육이 아이의 경제적 독립에 도움이 되고, 경제적 독립은 자연스럽게 경제적 자유를 누릴 수 있는 기회로 이어질 것이다.

아이의 기발한 문제 제기에 주목하라

창의적인 환경이 창의적인 아이를 만든다. 호기심을 갖고서 생각할 수 있는 환경을 부모가 중요하게 여기고 아이를 배려하며 도와줘야 한다. 많이 보고 들어야 호기심도 늘어나고 대화가 잘 통한다.

우리 집의 경우 새로운 경제 용어가 나오거나 새로운 분야의 사업이 소개되면 메신저 가족방에서 물어보고 관련 자료를 함께 찾아본다. 그러면서 앞으로의 사업들에 대해 함께 전망하고 예측해본다. 그야말로 '우리 집이 실리콘밸리'가 되는 것이다. 아이디어가 콘텐츠로 이어지고, 가치 있는 콘텐츠는 벤처 사업의 씨앗이 되기도 한다. 즉 아이디어가 사업으로 바로 이어지는 세상에 우리는 살고 있다. 창의적인 생각이 더없이 중요한 이유다.

유난히 지적을 많이 하고 항상 불만을 제기하며 따지거나 투덜거리는 성향의 아이가 있다. 그 대상은 물건일 때도 있고, 규칙이나 사회 문제나 제도일 때도 있다. 어른들의 불합리한 태도에 항의하기도 한다.

부모나 어른들이 이런 아이들을 어떤 시선으로 바라보느냐에 따라 발명가가 되기도 하고, 새로운 콘텐츠를 발견하는 창의성 넘치는 사업가가 되기도 한다는 사실을 기억해야 한다. 발명이나 창업은 불편한 것을 발견하는 데서 시작한다. 불편하고 부당한 일을 인지하고 그에 대해 깊이 고민하는 행동을 긍정적으로 바라보고, 발전적인 질문을 해야 한다.

"그럼 어떻게 하면 좋을까?"

"네 질문이 굉장히 신선한데 어떻게 그런 생각까지 하게 된 거야?"

"질문하고 싶은 게 있으면 언제든지 물어봐."

"너만 불편한 점을 찾아냈구나. 대단해! 그럼 어떻게 바꾸면 좋을까?"

"네 모습은 과학자 같아. 계속해서 질문을 생각해봐."

"세상에 존재하는 모든 것은 질문을 통해 나온 결과물이야."

사춘기 이전에도 경제적·정신적 독립을 이룰 수 있다

사춘기 전에 정신적 독립과 경제적 독립을 동시에 이루는 것이 과연 가능한 일이냐고 되묻는 분들이 있다. 그게 가능한 민족이 바로 유대인이다. 유대인들은 영유아 때부터 돈의 가치를 가르친다. 돈은 생명이고, 돈을 버는 목적은 자선을 위한 것이다. 돈의 가치를 선한 영향력으로 바라본다.

유대인 아이들은 13세 전까지 가정에서 노동을 통해 돈을 벌어보는 체험을 한다. 집안일을 하며 용돈을 번다. 노동해 받은 용돈에서 일부는 이웃을 위해 자선하며, 나머지는 자신의 경제활동에 쓴다. 최소 10년 가까운 훈련의 시간을 거친다면 사춘기인 15~16세 전에는 경제적 독립에 대한 관념을 형성할 수 있다.

유대인들은 13세에 자녀의 정신적·경제적 독립을 인정하는 성인식을 치러준다. 아이는 3세가 되면 자기 생각을 말하기 시작하는데, 이때부터 아이와 대화하고 책을 통해 생각을 나누며 토론을 한다면 사춘기 무렵에는 정신적으로도, 경제적으로도 스스로 판단하고 결정하고 책임도 질 수 있는 역량을 갖춘다고 바라보기 때문이다.

유년기부터 부모와 함께 대화하고 토론하면서 경제 활동을 위한 노동을 경험하게 한다면 우리 아이들에게도 사춘기 이전에 정신적·경제적 독립에 대한 개념을 심어줄 수 있다. 일단 명절에 친척들에게 받는 돈이나 평소 부모에게 받는 용돈으로 경제 교육을 시작하면 수월하다. 돈을 함부로 쓰지 않고 어떻게 슬기로운 소비를 해야 하는지, 저축은 어떻게 해야 하는지 구체적으로 설명하고 실천하게 한다. 또한 어린이 눈높이에 맞게 쓰인 경제 관련 책들을 함께 읽고 이야기를 나누면서 다양한 질문으로 아이에게 경제관념을 심어주는 것도 도움이 된다. 부모와 함께하는 메타코칭이면 어렵지 않게 이를 해낼 수 있다.

아이에게 어떤 식으로 경제 교육을 하고 있는가?

소비와 저축에 대해 아이와 이야기를 나눠본 적이 있는가?

나는 금융 지식에 해박한 편인가?

아이의 경제 개념을 다지는 하브루타 메타코칭

내 은화를 어떻게 되찾지?

한 청년이 장터로 향했다. 마을에서 장터까지는 거리가 꽤 멀었다. 날이 점점 어두워지자 청년은 조급한 마음으로 발길을 재촉했다. 청년이 몇 시간을 걸어서 가까스로 장터에 도착했지만 이미 물건을 파는 장사꾼들도, 물건을 사려는 인파도 보이지 않았다. 날이 저물어서 장이 벌써 파했던 것이다.

"이런, 내가 너무 늦었네. 오늘은 장터 근처에서 자야겠다."

그런데 청년은 물건을 사기 위해 가져온 은화 500닢이 걱정스러웠다.

'큰일이네. 이 돈을 어떻게 하지? 그래, 몸에 지니고 다니면 위험하니까 땅에 파묻어놓자.'

청년은 한적한 곳으로 가서 은화를 땅에 전부 파묻었다.

"여기에 묻어놓고 내일 아침에 다시 꺼내 가야지."

다음 날, 청년은 눈을 뜨자마자 은화가 묻혀 있는 곳으로 달려가 땅을 파헤쳤다. 그런데 청년의 표정이 한순간에 어두워졌다.

"어, 어떻게 된 거지? 분명히 여기에 은화를 묻었는데 도대체 누

225

가 훔쳐 간 거지?"

청년은 주위를 살펴봤다.

"어, 저기에 집이 있었네."

청년은 저만치 떨어져 있는 집으로 향했다. 가까이 가보니 그 집의 벽에 구멍이 뚫려 있었다.

'분명해, 이 구멍으로 내가 은화를 묻는 모습을 본 거야.'

청년은 그 집으로 들어갔다. 안에는 영감이 하나 있었다.

"내 집에는 무슨 일이오?"

"뭐 좀 여쭤보려고 왔습니다."

청년은 잠시 생각에 잠겼다.

'그래, 은화를 내놓으라고 하면 분명히 저 영감은 모른다고 할 거야. 그러니 머리를 써야 해.'

"무엇을 물어보겠다는 거요? 어서 말해보시오."

청년은 목소리를 가다듬고 말했다.

"제가 어제 장터에서 물건을 사려고 자루 2개를 가져왔습니다. 자루 하나에는 은화 500닢이 들었고, 다른 자루에는 은화 800닢이 들었지요. 돈을 다 가지고 다니기가 뭐해서 어젯밤에 작은 자루를 땅에 묻었습니다. 나머지 자루도 땅에 묻는 게 좋을까요? 저에게 지혜를 빌려주십시오."

영감은 활짝 미소를 지으며 말했다.

"당연히 큰 자루도 묻어야지. 어제 묻은 곳에 말이오."

청년이 돌아가자 영감은 자기가 훔친 은화 500닢을 그곳에다 다시 묻어놓았다. 그래야 은화 800닢까지 마저 훔칠 수 있으니까 말이다.

뒤에서 이것을 몰래 지켜보던 청년은 영감이 돌아간 사이에 그곳에서 은화 500닢을 꺼냈다.

"드디어 찾았다. 내 은화 500닢!"

요즘 영리치(Young Rich), 즉 젊은 부자들이 어느 때보다 많이 배출되고 있다. 다양한 산업화로 일하는 영역이 광범위해졌고, 특히 IT 산업이 활발해지면서 젊은 층의 연구와 개발이 사업으로 연결된다. 국가마다 벤처 창업의 산지를 통해 창의적인 아이디어나 콘텐츠를 사업화하도록 물심양면 도와주면서 우리나라뿐만 아니라 세계적으로도 영리치들의 비율이 높아졌다.

부를 가진 경제인이 되기 위해서는 어려서부터 돈에 대한 개념을 토대로 창의적인 생각이 나만의 아이디어가 되고 유료 콘텐츠로 발전하도록 어떻게 관심을 가져야 하는지 부모들의 안내가 필요하다. 돈이 무엇인지, 돈을 버는 이유가 무엇인지, 돈은 어떻게 벌 수 있는지, 자신이 번 돈을 어떻게 사회에 환원할 것인지 등 경제 교육은 구체적이어야 한다.

이 이야기에서 청년이 자신의 전 재산을 지키기 위해 어떤 지혜를 발휘했는지, 만약 시장에서 산 물건으로 다시 장사를 하려고 할 때 사업가가 된 청년이 자본금을 잃지 않으려면 어떤 노력을 해야 하는지 생각해보자. 자기 재산도 지혜로워야 지킬 수 있지만, 그 재산을 가지고 투자를 한다면 투자란 무엇인지, 투자가 기업에 어떤 영향을 주는지 등으로 확장해서 생각해봐야 한다.

아이의 통장에 묻어둔 예금으로 주식 1주를 산다면 그 행동이 바로 투자이고, 아이에게 투자받은 그 돈을 원동력으로 기업은 연구 및 개발을 이어가며 수익을 창출한다는 것을 아이가 아는 게 중요하다. 이론만 공부하는 경제 교육보다 작은 경험이더라도 그 같은 실제 경험들이 경제 개념을 터득하는 데 더욱 효과적이다. 돈을 지키는 것도 중요하고, 그 돈을 더 큰 돈으로 만들 수 있는 것도 중요하다.

[아이의 메타인지를 높여주는 하브루타 질문]

• 청년이 은화를 500닢이나 가지고 있었는데 어떤 돈일까?

• 내가 청년이라면 시장에서 무엇을 사고 싶은가?

• 청년처럼 돈을 잃지 않으려면 어떻게 하면 될까?

• 영감의 행동이 왜 나쁜 걸까?

• 문제 해결을 위해 꼭 필요한 것이 있다면 무엇일까?

• 많은 돈을 벌면 어떻게 쓰고 싶은가?

• 부자가 되면 좋은 점이 무엇인가?

- 부자가 되기 위해서는 어떤 노력이 필요할까?

- 영감 같은 사람을 만나면 어떻게 대처하고 싶은가?

- 부자가 되면 무슨 일을 하고 싶은가?

CHAPTER 6

디지털 시대에 맞는
디지털 아이로 키워라

　지금 아이들은 부모 세대와는 전혀 다른 시대를 살고 있다. 부모 세대는 전에 없던 IT 환경에 적응하기가 마냥 쉽지만은 않지만, '디지털 네이티브(Digital Native)'라고도 불리는 아이들은 각종 디지털 기기 속에서 성장했으니 이를 받아들이는 데 아무 어려움이 없다.

　그런데도 부모 세대는 아이가 컴퓨터, 태블릿 PC, 스마트폰 등의 디지털 기기와 너무 친하게 지내는 것을 불편해한다. 시간을 낭비하며 좀비 같은 삶을 살지 모른다고 불안해하는데, 그런 불안으로 인해 자녀와 갈등을 키우는 사람이 많다.

　오히려 제대로 된 디지털 교육을 통해 아이가 세상에 소개되는 디지털 문화를 유연하게 받아들이고 효과적으로 사용할 수 있도록 안내해야 한다. 다시 아날로그 세상으로 돌아갈 일은 없기 때문이다. 디지털의 장점을 긍정적으로 활용하여 새롭게 다가올 세상에서 자기 꿈을 키우고 펼칠 수 있는 동기부여를 하는 편이 더 낫다. 디지털 세상에 대한 관심을 끄고 오직 국영수 학습에만 집중한다면 급변하는 세상의 발전을 따라잡지 못할 수 있음을 부모들이 깨달아야 한다.

먼저 디지털 부모가 되어야 한다

메타버스(Metaverse) 세상이 도래했다. 지금 화두가 되는 단어들을 꼽자면 메타버스는 꼭 빠지지 않는다. 여기저기서 메타버스를 언급해 다들 한 번쯤 들어봤을 것이다. 그런데 과연 메타버스가 무엇인지 궁금해서 책을 찾아보거나 온라인에서 직접 메타버스를 경험해본 적이 있는가?

인터넷이 등장한 뒤로 우리는 끊임없이 디지털 공간을 탐색하면서 5G, 인공지능, 빅데이터, 사물 인터넷, 산업 인터넷, 블록체인, VR(가상현실), AR(증강현실) 등 첨단 기술들을 발전시켜왔다. 메타버스는 이런 디지털 기술들의 현실화로, 현실과 가상 세계가 합쳐진 새로운 디지털 공간이다.

코로나19 기간에 스탠퍼드대학은 메타버스에서 졸업식을 열기도 했다. 앞으로 메타버스는 원격 근무, 온라인 교육, 온라인 의료, 핀테크, 제조업 등 다양한 분야에서 중요한 역할을 하리라 예상한다. 우리 교육 현장에서도 메타버스를 아이들의 교육에 적용하기 위해 주목하고 있다. 2024년에는 더 많은 시간을 메타버스에서 보내게 될 것이다.

IT 기술의 총합인 디지털 세상을 이해하지 못한 채 컴퓨터 앞에 앉아 있는 아이를 무턱대고 혼내기보다는, 그곳이 어떻게 이루어져 있고 그곳에서 아이가 무엇을 할 수 있는지를 부모가 먼저 이해하려고 노력하자. 디지털 세상을 속속들이 이해하기는 힘들겠지만 전반적으로 알고만 있어도 아이와 대화하기가 훨씬 수월해진다. 아이를 더 많이 이해하고, 나아가 유용한 도움을 주거나 더 나은 방향으로 안내할 수도 있다. 부모가 공부해야 아이에게 메타코칭을 제대로 할 수 있다.

온라인 세상에서 자라는 아이

많은 이가 빌딩을 소유한 사람을 무척 부러워한다. 오죽하면 '(건물)주님의 자녀'가 되고 싶다는 우스갯말이 돌아다니겠는가. 어지간한 건물 하나면 평생 경제적인 어려움 없이 셋돈을 받아 살면서 놀고먹어도 된다는 부러움의 말이다. 그런데 실제 삶에서는 건물주가 된다는 것이 결코 쉽지 않은 일임을 알고 있다. 그렇다면 오프라인 건물주가 아니라 온라인 건물주가 되면 어떨까.

온라인에서 자신이 좋아하는 분야에 대해 매일 기록하고 양질의 콘텐츠를 쌓는 데 정성을 쏟는다면 많은 사람의 관심과 응원과 지지를 받을 수 있다. 나만의 콘텐츠를 통해 사회의 관심을 받으면 그것이 경제적으로 독립하는 돌파구가 되기도 하고, 창업 아이템이 되기도 한다.

온라인 세상을 어떻게 활용하며 그것이 무슨 결과들을 가져오는지 자세한 안내와 함께 직접 경험하게 해준다면 아이의 꿈이 더욱 다양해지고 구체화될 수 있다. SNS를 이용해 부를 창출하거나 세상에 강력한 영향력을 끼치는 인플루언서들이 사회의 트렌드를 선도해가는 세상이다. 물질적인 투자 없이도 자신이 가진 재능이나 실력, 장점을 온라인에서 드러내어 결과물로 표현하다 보니까 어느 순간에 많은 사람이 참여하고 큰 영향력을 갖춘 자신을 발견했다는 경험담이 들려온다.

아이는 초기 투자금이 있어야 하고 사업장에서 일할 직원을 구해야 하는 오프라인 세상뿐만이 아니라 혼자서도 어마어마한 일들을 해낼 수 있는 온라인 세상에서도 살아가고 있다는 사실을 인식해야 한다. 인플루언서들이 어떤 아이템이나 콘텐츠를 가지고 멋진 인생을 살아가는지 아이와 함께 찾아보고, 그것의 긍정적인 영향과 부정적인 영향은 무엇인지도 고민해보자. 그렇게 IT 세상에 적절한 생각을 하도록 돕는 것도 부모가 해야할 중요한 안내다.

콘텐츠 사용자가 아닌 생산자로 키우려면

매일 수많은 아이디어가 상품이 되며 다양한 콘텐츠가 사업이 되고 있는데도 우리는 그것을 늘 사용하는 입장이다. 각종 콘텐츠 사용자로서 단순히 보고 듣고 쓰는 소비자에 머물지 않고, 콘텐츠 개발자로서의 생산자 관점을 훈련하는 것은 어떨까. 아이가 사용자 입장이 아닌 개발자 입장에 설 수 있다고 생각해본 적이 있는가? 다른 누군가가 할 수 있는 일이라면 내 아이도 당연히 그럴 수 있다. 부모의 격려 한마디가 아이로 하여금 세상을 바꾸는 개발자를 꿈꾸게 한다.

"네가 이것을 만든다면 어떤 부분을 바꾸는 게 좋을까?"
"디자인이 네 마음에 들지 않는다면 어떻게 새로 디자인하면 좋을까?"
"불편하면 지금의 구조를 어떻게 바꾸면 좋을까?"

"네 아이디어가 세상을 바꿀 수도 있어."

"너는 세상에 좋은 영향을 주는 사람이 될 거야."

스티브 잡스(Steve Jobs)가 아이폰을 세상에 처음으로 선보일 때 이런 말을 했다.

"애플은 언제나 '인문학(Liberal Arts)'과 '기술(Technology)'이 교차하는 지점에 존재해왔다. 우리가 아이패드를 만든 것은 항상 기술과 인문학의 갈림길에서 고민해왔기 때문이다. 그동안 사람들은 기술을 따라잡으려고 애썼지만 이제 기술이 사람 속으로 스며들게 해야 한다."

잡스는 'Liberal Arts'와 'Technology'라는 두 단어가 새겨진 이정표 모양의 그림을 보여주면서 인문학의 중요성을 강조했다. 이 그림은 무엇을 뜻할까? 새로운 기술을 활용해 무언가를 발명하거나 콘텐츠를 개발하려면 중요한 두 가지를 갖춰야 한다는 말이다. 첫 번째는 당연히 기술이고, 두 번째는 인문학적 요소다. 인문학은 사람 사는 이야기다. 즉 사람을 이롭게 하는 인문학적 요소가 포함돼야 한다는 것이다.

아이가 책을 폭넓게 읽으면서 질문을 제기하고 토론하며 생각하는 힘을 기르고, 어떻게 세상을 이롭게 하고 싶은지 고민해야 하는 이유다. 유대인들이 어려서부터 다양한 분야의 지식을 접하라고 권장하는 이유도 마찬가지다. 폭넓은 배경지식의 습득과 인문학에 대한 관심으로 세상 사람들에게 어떤 좋은 영향을 줄 수 있을까 하는 인문학적 사고를 하도록 환경을 만들어주는 것이다. 인문학에 대한 관심을 일깨우고 부모와 아이가 함께 고민하며 토론하는 시간은 바로 아이의 다양한 콘텐츠를 개발하는 시간이나 다름없다.

새롭게 등장하는 디지털 기술에 대해 나는 얼마나 알고 있는가?

앞으로 다가올 디지털 세상에 대한 이해를 돕는 책들 중에서
아이와 함께 읽고 싶은 책이 있는가?

아이가 살아갈 IT 세상에 어떻게 대응하고 있는가?

죽음의 섬에서 살아남은 사람

"주인님, 정말로 저를 풀어주시는 겁니까?"

"그렇다. 그동안 나를 위해 열심히 일했으니 이제 너에게 자유를 주마. 어디를 가든 행복하게 살아라."

마음씨 좋은 주인이 노예의 굴레를 풀어줬다. 자유의 몸이 된 남자는 한없이 기뻤다. 더군다나 주인이 돈까지 넉넉히 주었으므로 남자는 꿈에 부풀었다.

"이 돈으로 땅도 사고 집도 지어서 행복하게 살아야지."

남자는 배를 타고 새로운 곳으로 떠났다.

그런데 남자에게 뜻하지 않은 불행이 닥쳤다. 태풍이 불어서 배가 뒤집히고 만 것이다. 가까스로 목숨을 구한 남자는 어느 섬에 도착했다. 그러나 돈을 몽땅 잃어버리는 바람에 남자의 꿈이 산산조각 나고 말았다.

"큰일이네. 돈이 없으면 아무것도 할 수 없는데……."

그때 어딘가에서 사람들이 우르르 몰려오더니 남자를 왕으로 받들기 시작했다.

"당신이 이 섬의 주인이고 우리의 왕입니다. 자, 궁전으로 가시죠."

남자는 궁전에서 이제까지 누리지 못한 행복을 누렸다. 맛있는 과일과 고기를 마음껏 먹고 푹신푹신한 침대에서 편히 잠들었다. 이 모든 것이 꿈만 같던 어느 날, 한 사람이 왕이 된 남자에게 비밀스럽게 말을 건넸다.

"사실 우리는 인간이 아니라 영혼입니다. 그래서 살아 있는 사람이 이 섬에 오면 그 사람을 왕으로 모시는 겁니다. 단 1년 뒤에는 옆에 있는 '죽음의 섬'으로 쫓아냅니다. 먹을 것도 없고 생명체도 없는 황폐한 곳으로요."

그날 이후로 남자는 궁전에서 빈둥빈둥 노는 걸 그만뒀다.

"그래, 내가 이러고 있을 때가 아니지. 1년 뒤에 옆 섬으로 쫓겨나면 아마도 나는 굶어 죽고 말 거야. 그럴 수는 없지."

남자는 틈만 나면 죽음의 섬으로 건너가 그곳에 꽃도 심고 과일나무도 심었다. 어느새 1년이라는 시간이 다 흐르고 말았다. 남자는 벌거벗은 몸으로 죽음의 섬을 향해 떠나야 했다. 죽음의 섬이 가까워질수록 두려움이 점점 커졌다.

드디어 남자가 죽음의 섬에 도착했다. 황량하기만 할 것 같았던 섬은 아름다운 섬으로 바뀌어 있었다. 화사한 꽃들이 여기저기 만개하고, 나무마다 맛있는 열매들이 주렁주렁 매달려 있었다. 그곳은 더 이상 죽음의 섬이 아니었다.

"미리미리 섬을 가꾸기를 잘했군. 이곳은 천국이야."

죽음의 섬이 살기 좋은 섬으로 바뀌었다는 소문을 듣고서 사람들이 하나둘 몰려들기 시작했다. 남자는 그곳에서 그들과 함께 행복하게 살았다.

세상은 계속 발전한다. 세상의 발전에 맞추어 성장하지 못하면 준비되지 않은 것과 같고, 준비되지 않은 사람에게는 기회가 주어지지 않으며, 혹시 기회가 주어져도 그것이 기회임을 알아차리지 못한다.

메타버스 세상도 마찬가지다. 그에 대한 정보를 갖추고 IT 세상에 필요한 지식과 능력을 키워야 하는데, 이를 준비하지 않으면 그 과도기인 현재도, 그리고 급속도로 발전할 미래 사회에서도 다양한 기회를 얻지 못할 수 있다. 그렇기 때문에 아이가 21세기형 인재로 자리매김하려면 시대의 흐름과 변화에 대한 부모의 폭넓은 이해와 안내자로서의 역할이 과거보다 훨씬 중요하다.

세상의 방향을 예측하고 미리 대비하는 배움의 전략을 세우는 것은 메타인지가 높은 삶에서 가능하다. 메타인지를 높이는 하브루타 질문을 통해 앞으로의 세상에 대해 진단한 후 어떤 전략이 필요한지, 무엇을 반드시 배워야 하는지 파악하고 곧바로 실천해보자.

[아이의 메타인지를 높여주는 하브루타 질문]

• 주인은 왜 노예를 풀어줬는가?

• 노예는 어떤 사람이었을까?

• "호랑이 굴에 들어가도 정신만 차리면 된다"라는 속담의 의미는?

• 노예가 보여준 태도 중에서 어떤 태도를 가장 본받고 싶은가?

• 어려움에 미리 대비한다는 것이 왜 중요한가?

• 나는 미래에 대비해 무엇을 준비하고 있는가?

• 미래에 대비하기 위해 가장 필요한 분야가 있다면 무엇일까?

• 나는 메타버스 세상을 준비하고 있는가?

• NFT에 대한 정보를 갖고 있는가?

• 미래 세상에 대해 관심이 많은가?

CHAPTER 7

올바른 인성은
부모에게서 체화한다

긍정적인 마인드셋으로 삶을 어떻게 바꿀 수 있는가에 대해 얘기하는 책들이 매일 쏟아지고 있다. 좋은 생각과 선한 생각은 좋은 말과 선한 행동으로 표출된다. 좋은 말과 선한 행동은 전체적으로 긍정적인 태도를 갖추게 해주고, 긍정적인 마인드는 행복한 삶으로 연결된다. 그 사람의 생각을 표현하는 말은 이처럼 큰 힘을 갖고 있다.

유아기와 초등 시기까지 아이가 대화를 가장 많이 하는 대상은 부모다. 대화 상대와 무슨 말을 주로 하느냐가 아이의 기본적인 정서를 형성하는 데 지대한 영향을 줄 수밖에 없다. 어떤 상황에서도 주 양육자에게 긍정적인 격려를 받는다면 아이는 정서적인 지지를 바탕으로 자신감과 자존감이 높은 아이로 성장한다.

> "나는 언제나 너를 믿어."
>
> "어떤 일이 일어나도 나는 네 편이야."
>
> "너는 누구보다도 장점이 많아. 자신감을 가져도 돼."
>
> "너는 무엇이든 도전하는 용기가 있어. 그게 바로 네 힘이야."
>
> "모르면 모른다고 자신 있게 말해야 성장할 수 있어."
>
> "항상 최선을 다하는 네 모습을 보면 어떤 일이든 해내고 말 것이라는 믿음이 생겨."
>
> "너의 밝은 성격은 사람들이 너를 좋아할 수밖에 없는 이유란다."

좋은 말은 긍정 에너지로 아이에게 전달되며, 그것이 힘을 주고 자신감이 되고 자존감으로 바뀐다는 사실을 부모들은 알아야 한다. 단순히 아는 것을 넘어서 실천에 옮겨야 한다.

학습 컨설팅 업체인 스터디코드 조남호 대표의 일화다. 조남호 대표는 고등학교 1학년 때까지 오토바이를 즐겨 타는 폭주족이었다고 한다. 그러던 어느 날 문득 주변을 돌아보게 되었는데, 같이 오토바이를 거침없이 타고 다니는 형들과 친구들의 미래가 그다지 긍정적으로 보이지 않더란다. 그때부터 생각을 고

처먹은 그는 공부해야겠다고 결심한 후 고등학교 2학년 때부터 착실하게 앉아서 공부에 발동을 걸기 시작했다. 주변의 모든 친구가 완전히 달라진 그의 모습에 놀라워했고, 그가 언제 공부를 그만둘지에만 관심이 많았다. 그러나 그는 주위 반응에 개의치 않고 미친 듯이 공부해 드디어 수능에서 대박을 터트렸다. 그렇게 월등한 수능 점수로 서울대 컴퓨터공학과에 합격했다. 서울대에 들어가고 나서 엄마한테 물었다.

"엄마, 개차반 같은 아들에게 왜 맨날 믿는다고 했어?"

그러자 엄마는 이렇게 대답했다.

"나는 그 말밖에 몰라. 그래서 그 말만 한 거야."

어떻게 그 말만 알고 있었을까. 부모인데 오토바이만 타고 질주하는 아들에게 제발 정신 좀 차리라고 얼마나 많은 비난의 말을 쏟아놓고 싶었을까. 하지만 엄마는 항상 이 말만 한 것이다. 진심을 담아서.

"나는 너를 믿어."

이 세 마디 말은 자녀와의 관계를 망치지 않는 지혜로운 어머니가 된다는 것에 대해 다시 한번 생각하게 한다. 아이와의 관계가 깨지면 그다음에는 모든 일이 부정적으로 이어진다. 심하면 영원히 돌이킬 수 없는 관계가 되어버릴 수도 있다. 좋은 부모가 되기 위해서는 끊임없는 행동의 절제, 표현의 절제가 필요하다.

배려, 존중, 경청의 자세가 인품을 만든다

사회적으로 성공하고 존경받는 사람들의 특징을 들여다보면 뛰어난 업적을 쌓거나, 사회적으로 지위가 높거나, 돈을 많이 벌었다기보다 평소에 상대방을 배려하고 존중하며 진심으로 경청하는 모습에서 그 됨됨이를 평가받는다. 대표적인 예로 유재석 같은 연예인은 모범적인 인성으로 '유느님'이라 일컬어지며 대중의 사랑을 한 몸에 받고 있다. 자연스럽게 배어나는 태도를 보면서 인품을 높이 평가하는 것이다.

아이에게도 어릴 때부터 상대방을 존중하고 어떤 의견에도 일단 경청부터 하는 자세를 가르치자. 이런 인품과 인격을 아이는 어디서 배울 수 있을까? 그 해답은 간단하다. 가정에서 부모와 생활하면서 자연스럽게 체득하는 게 가장 바람직하다. 교육은 '부모의 모습'으로 이루어진다고 말한다. 아이의 의견을 항상 경청하고, 설령 그 내용이 다소 부족하더라도 인정하고 존중하며 수정해주는 부모의 모습을 경험하면서 사회적으로 성공하는 방법을 배워간다.

"네 생각은 어때?"— 존중의 의미를 배운다.

"왜 그렇게 생각하는데?"— 경청의 자세를 배운다.

"아하! 그렇구나."— 인정의 미덕을 배운다.

존중은 밖에서 배우기보다는 가정에서 익히는 덕목이다. 부모의 말과 태도에서 존중하는 자세와 대화법을 배운다. 존중하는 법을 익힌 아이는 사회에 나가서 다른 사람을 존중하며 원활한 관계를 맺어나간다.

경청은 한순간에 길러지는 태도가 아니다. 지속적인 훈련을 거쳐 경청하는 자세가 몸에 체화되는 것이다. 상대방의 이야기를 무시하거나 일방적으로 평가하지 않고 끝까지 잘 들어주는 문화가 가정에서부터 형성되어 있어야 아이가 경청을 내면화할 수 있다.

경청하는 자세는 상대방을 위하는 것이기에 앞서 자신에게 더 큰 도움이 된다. 경청을 통해 자기 생각을 확장하고 유연한 사고방식을 갖출 수 있다. 상대방의 생각을 듣고서 자기 선입견을 바꾸거나 편견을 깨트릴 수도 있다. 경청하는 자세의 가장 큰 수혜자는 바로 자신인 것이다.

인정받는다는 정서적 안정감은 사회에 나갔을 때 무서울 것이 없는 든든한 배경이 되어준다. 누군가 자신을 사랑하고 있다는 믿음을 가지면 무리한 인정 욕구를 억제시켜 당당한 모습으로 사회생활을 할 수 있게 된다. 또 세상을 만만한 자세로 대하는 자신감을 갖출 수 있다. 부모에게 인정받으며 사랑받고 있다는 확신은 두려움 없는 내면의 힘을 갖게 한다. 이것이 바로 자존감 높은 삶의 토대로 쌓인다.

부모가 아이에게 힘자랑을 하면

강한 사람에게는 약하고, 약한 사람에게는 강한 사람들의 모습을 다양한 매체에서 보고 듣는다. 그들의 행태에 일제히 비난의 목소리를 높인다.

"어쩌면 저럴 수가 있을까?"

"저 사람은 부모도 없나?"

"불쌍한 사람을 어떻게 저토록 함부로 대하지?"

약자를 보면 연민의 마음이 드는 것은 당연한 감정일 것이다. 그런데 강자에게 대항하는 데는 용기가 필요하다. 우리 사회가 건강해지려면 구성원 한 사람 한 사람이 어떤 생각을 하느냐가 중요하다. 힘을 자랑하면서 약한 자를 함부로 대하면 많은 반발과 빈축을 살 것이라는 의식을 구성원 개개인이 가질 때 건강한 사회가 된다.

부모는 아이보다 힘이 세다. 부모라는 권위를 앞세워 아이에게 힘자랑을 하면서 함부로 처신하면 아이도 배운 대로 사회에 나와 구성원에게 똑같이 행동할 것이다. 갑질하는 행태를 보면서 분개하고 비난하지만 정작 부모인 자신이 아이에게 갑질을 하고 있지는 않은지 돌아봐야 한다. 그러지 않으면 갑질하는 부모에게 배운 대로 아이도 갑질하는 사람이 되어서 결국에는 아무도 아이의 곁에 남지 않을 것이다. 반면 타인을 인정하고 존중하며 경청하는 자세를 부모에게서 배운 아이는 모든 사람을 존중하고, 또 많은 사람에게 존중받는 삶을 살 것이다.

부모와의 소통이 세상과 소통하는 첫 단추

세상에는 다양한 방식으로 다양한 대상과 소통하는 통로가 열려 있고, 또 서로 연결되어 있다. 소통의 첫 단추는 부모와의 관계에서 시작된다. 부모와의 소통이 원활하면 학교생활의 교우 관계나 사회생활의 인간관계에서 큰 어려움 없이 지낼 수 있다. 아이와 부모 사이에 약간의 충돌이 일어났을 때 어떻게 갈등을 풀어가는 것이 슬기로운지 부모가 몸소 보여주면 아이는 자신의 대인 관계에 그대로 적용한다. 즉 아이가 순조로운 소통으로 학교생활과 사회생활을 잘할 수 있도록 도와주는 것은 부모의 몫이다.

아이의 소통 능력을 키워주기 위해서는 우선 공감하는 감성부터 키워주는 게 중요하다. 공감을 잘하는 사람이 대인 관계를 잘한다는 것은 모두가 인정하는 사실이다. 부모가 충분히 공감해주고 그 공감을 바탕으로 서로에 대한 신뢰를 쌓으면 그 같은 경험을 토대로 아이도 공감을 잘하는 어른으로 성장하여 건강한 사회생활을 할 수 있다.

아이와의 애착 형성으로 행복한 삶을 선물하라

앞서 잠깐 언급했지만, 애착이란 아이가 주 양육자에게 정신적 유대를 형성하는 것을 말한다. 여기서는 애착이 왜 행복한 삶과 연결될까 생각해보자.

인지능력이 발달하는 데도 중요한 영향을 미치는 애착은 아이가 자라서 성인이 될 때까지 근본적인 정서와 사회성을 형성하고 사람들과의 신뢰 관계를 쌓는 데 지대한 역할을 한다. 애착이 잘 형성된 아이는 정서적으로 안정감을 가지고 타인과의 관계도 원활하게 유지할 수 있다. 사랑받고 있다는 확신은 자신감으로 연결되며, 비관적인 생각보다는 낙관적인 생각으로 세상을 용감하게 살아가도록 도와준다.

애착이 불안정하게 형성되어 있으면 아이의 자존감은 낮아지고, 부모와도 안정적인 관계를 유지해본 경험이 없으므로 또래들과의 관계 역시 불안할 수밖에 없다. 이런 상태로 성인이 되면 바람직한 관계 맺기에 반복적으로 실패하여 사회생활에 당연히 어려움이 생긴다.

혼자서 살아갈 수 없는 인간의 모든 행복감은 다른 사람들과의 긍정적인 관계에 토대한다. 주 양육자와의 애착 형성이 아이의 평생을 좌우하는, 아이의 행복한 삶을 결정짓는 요인이라고 해도 과언이 아닌 것이다. 영유아 시기에는 아이의 욕구에 우선 반응해주는 것이 필요하며, 되도록 주 양육자와 아이가 함께 보내는 시간을 많이 확보한다. 특히 정서적으로 일관성 있는 반응을 보여야 하는데, 부모의 기분에 따라 반응을 달리하면 아이가 불안해할 수 있다. 많이 안아주고 자주 뽀뽀하는 등 사랑한다는 표현은 아이가 충분히 느낄 수 있도록 듬뿍 하는 것이 중요하다. 사랑의 표현은 아무리 넘쳐도 지나치지 않다. 아이와의 애착 형성에 성공하는 것은 행복한 삶을 선물하는 것과 다름없다.

지나친 겸손을 아이에게 강요하지 마라

부모 세대에게 겸손은 미덕이었다. 하지만 우리 자녀 세대는 겸손을 마냥 미덕이라고 말하기에는 조금은 곤란한 문화 속에서 살고 있다. 겸손을 사전에서 찾아보면 남을 높여서 귀하게 대하고 자신을 낮추는 태도라고 나와 있다. 부모 중에는 다른 사람들에게 겸손한 자세로 자기 아이를 표현하는 경우가 많다.

"과찬입니다. 우리 아이는 아직 많이 부족해요."
"아니, 그 집의 아이가 훨씬 잘하죠."
"우리 아이는 아직 멀었어요."
"잘난 체하지 마라. 보기 안 좋아."

"잘할수록 겸손해야 해."

"너보다 뛰어난 아이가 얼마나 많은 줄 아니?"

칭찬보다는 자제하라는 의미의 말을 아이에게 더 많이 한다. 특히 다른 부모와 함께 있을 때 아이를 칭찬하는 상대방의 말에 과하게 그렇지 않다고 부정하면 아이는 무슨 생각이 들까? '우리 엄마가 나를 많이 부족한 아이라고 생각하는구나'라는 오해가 발생하기에 충분하다.

부모가 지나친 겸손을 강요해도 아이의 자신감이 떨어져 자신에 대한 부정적 생각에 휩싸일 수 있다. 겸손이라는 좋은 미덕이 아이에게는 해롭게 작용하고 있지 않은지 돌아보자.

나는 아이의 말에 경청하는 편인가?

아이와의 애착 형성이 잘되어 있다고 보는가?

나는 칭찬에 후한 편인가, 인색한 편인가?

거울과 유리창의 차이

돈이 많은 부자가 있었다. 그런데 그 부자는 늘 외로웠지만, 자기 곁에는 왜 아무도 없는지 알 수 없었다. 부자는 답답한 마음에 온 마을 사람들의 존경을 받는 현자를 찾아갔다.

"선생님, 저는 외롭습니다. 사람들이 왜 저를 피하는지 전혀 모르겠어요. 저는 선생님이 참 부럽습니다. 선생님 곁에는 언제나 사람들로 넘쳐나지 않습니까. 저도 선생님처럼 되고 싶습니다."

현자는 창가로 부자를 데려가서 손가락으로 창밖을 가리켰다.

"뭐가 보이십니까?"

부자는 창밖을 이리저리 살피더니 말했다.

"지나가는 사람이 보입니다."

이번에는 현자가 부자를 거울 앞으로 데려갔다.

"뭐가 보이십니까?"

"제가 보입니다."

현자는 나지막한 목소리로 말했다.

"한번 생각해보세요. 같은 유리로 만들었는데 어째서 유리창에는 다른 사람이 보이고, 거울에는 당신만 보일까요? 이제부터는 돈을 쌓아두지만 말고 불우한 이웃을 위해 써보시기를 바랍니다. 어느새 당신의 거울은 유리창으로 바뀔 거예요. 그러면 당연히 외롭지도 않겠지요."

유대인들의 중요한 가정교육 중에는 '체다카(Tzedakah)' 교육이라는 것이 있다. 자선 교육을 말한다. 8개월 아기 때부터 아이의 자선함을 마련하여 동전을 넣는 연습을 시킨다.

경제 교육에서도 이 같은 자선 교육을 바탕으로 돈에 대한 필요성을 가르친다. 돈은 생명처럼 소중하지만 정직하게 벌어서 자선해야 한다는 가치관을 어려서부터 체화하는 것이다. 얼마나 많은 돈을 벌 것인가는 목표가 되고, 그렇게 번 돈을 기부와 봉사를 통해 어떻게 사회로 환원할 것인가에 목적을 둔다.

많은 돈을 가진 부자라고 해서 모두가 행복한 것은 아니다. 그들이 꼭 행복하지 않은 이유는 무엇일까? 또 사람들은 왜 나를 좋아하지 않을까? 많은 이에게 둘러싸여 행복한 사람은 과연 어떤 사람일까?

이 짧은 이야기가 전하는 바에 대해 아이와 함께 서로의 생각을 나누다 보면 메타인지를 발휘하여 어떤 삶이 행복한지 고찰하는 시간이 될 것이다.

[아이의 메타인지를 높여주는 하브루타 질문]

• 부자가 되고 싶은가?

• 부자는 왜 외로웠을까?

• 혼자여서 외로운 적이 있었는가? 그때 어떤 마음이었는가?

• 사람들이 왜 부자를 피했을까?

• 부자는 어떤 마음으로 현자를 찾아갔을까?

• 누군가에게 도움을 청한 일이 있는가? 무슨 일이었는가?

• 피하고 싶은 친구가 있는가? 그때 마음이 어땠는가?

• 현자가 창밖을 가리킨 이유는 무엇일까?

• 불우한 이웃을 위해 돈을 쓰면 외롭지 않은 이유가 무엇일까?

• 이웃을 위해 할 수 있는 일이 있다면? 왜 그 일을 떠올렸는가?

CHAPTER 8

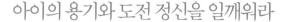

아이의 용기와 도전 정신을 일깨워라

어려서부터 지는 것을 유난히 싫어하는 아이가 있다. 즐겁게 놀아도 되는데 죽자고 덤비는 아이는 또래 친구들도 부담스러워하고 다른 부모들도 싫어한다. 이런 기질은 타고나는 것이기 때문에 아이를 비난하거나 지적하기보다는, 정정당당한 승부에 대해 설명하고 억지를 부리는 자세는 옳지 않다는 것을 반복해서 이해시켜야 한다. 다른 부모들의 따가운 시선은 아이를 주눅 들게 하고 스스로를 나쁜 아이라는 프레임 속에 가두게 한다. 모두가 자신을 싫어한다는 생각이 또래와의 사회생활에 부정적인 영향을 끼칠 수 있다.

하지만 경쟁심과 자기주장이 강한 아이는 누구보다 주도적인 힘과 추진력, 상대방을 설득하는 힘을 가지고 있다. 단점 같아도 타고난 기질을 건강하게 보완한다면 사회생활을 하는 데 오히려 장점으로 작용한다. 다시 말하면 그 같은 기질을 이해받으며 성장한 아이는 도전적이고 창의적이며 진취적인 성향으로 자신감을 가지고 세상을 마주할 수 있다. 부모의 메타코칭이 필요한 지점이다.

실패가 '한 번 더 도전!'으로 이어지도록

"실패는 성공의 어머니"라는 말을 모르는 사람은 없다. 하지만 이 말을 제대로 이해하고 삶에 적용하는 사람은 그리 많지 않다. 특히 부모는 내 아이가 실패를 경험한다는 것에 대해 두려움이 있다.

영유아 시기부터 아이가 작은 실수를 하거나, 심지어 그저 관심을 바꾸는 경우마저 '실패'라고 표현한다. 학급의 교우 관계에서도, 또래들과의 놀이에서도 한 번도 소외되는 일 없이 주도적으로 참여하고, 또 가장 잘하기를 바란다.

한마디로 뭐든지 잘하는 아이가 되기를 소망한다. 아이가 받은 마음의 작은 상처에 아이보다 부모가 더 큰 낭패감을 느낀다. 어떤 순간이든 아이가 실패를 한 번도 경험하지 않기를 바라는 마음이 크다.

세상은 누구에게도 그리 만만하지 않다. 내 아이만 하늘같이 넓은 품으로 받아주지 않는다. 야생의 정글이라고 해도 과언이 아니다.

그런데 소소한 실수도, 가벼운 실패도 경험하지 않도록 부모가 철저하게 방어벽을 쳐주고 앞길의 가시나무를 미리 치워주는 환경에서 성장한다면, 아이가 막상 세상에 던져졌을 때 그 두려움이 얼마나 크겠는가. 수많은 도전을 두려움 없이 헤쳐나갈 수 있을지도 의문스럽다. 언제까지나 부모가 지켜줄 수는 없는 법이고, 그것은 진정으로 아이를 지켜주는 것도 아니다.

작은 일에서부터 실패를 경험하고 해답을 찾아가는 동안 아이는 생생하게 배우고 성장한다. 지금 당장 어떤 일에 실패했다고 인생이 어떻게 되는 것은 아니다. 오히려 더 단단해질 기회가 왔고 거기서 무엇을 배워야 하는지에 집중한다면 비슷한 시련을 겪더라도 자신감을 가질 수 있다.

아이는 실수나 실패를 두려워하지 않는데 오히려 부모가 더 두려워하는 경우가 많다. 그것이 부모의 사랑이라고 착각한다면 정말이지 큰 오산이다. 부정적인 경험을 비롯해 다양한 경험은 앞으로 아이에게 닥칠 도전들을 헤쳐나가는 근력을 키워내는 과정이다.

의심하고 질문하고 제안하는 아이로 키워라

아이들은 기본적으로 질문이 많다. 단순히 궁금해서 질문하기도 하고, 호기심을 해결하고 싶어서 묻기도 한다. 정말 몰라서 질문을 할 때도 있지만, 불만을 질문으로 바꾸어 말하기도 한다. 아이가 질문 없이 어떤 일이든 순응하며 받아들인다면 그저 착하고 순하다고만 여길 것인가? 무슨 일이든 쉽게 받아들이지 않고 질문하며 의심하고 부정적으로 생각하는 아이라면 말썽쟁이라고만 치부할 것인가?

모든 것에 대해 의심하고 비판적으로 사고하는 사람들에 의해 세상은 변화하고 발전하고 혁신해왔다. 그렇다면 내 아이가 어떤 모습으로 성장하기를 바라야 할까? 우리 사회에는 오랫동안 전통처럼 내려오는 관습들이 있는데, 지금의 관점에서는 분명 변화하고 개혁돼야 할 것들이다. 하지만 이에 대해 질문하고 토론하며 대안을 제안하지 않으면 어떤 발전도 이루어지지 않는다.

무조건 순응하는 아이보다 의심하고 질문하고 제안하는 아이로 성장하기를 바라야 한다. 매사에 질문을 생활화하여 비판적인 사고로 옳고 그름을 따져보는 아이가 21세기 미래형 인재로 성장한다. 부모의 적극적인 메타코칭이 중요하다.

신중한 아이에게는 실행력을!

성공한 사람들의 특징 중 하나가 실행력이 남들보다 두드러진다는 것이다. 자신이 생각한 것을 바로 실행에 옮기는 사람이 계속 생각만 하느라 시간을 지체하는 사람보다 성공할 확률이 훨씬 높다.

아이마다 타고난 성향이 달라서 활동적인 아이는 생각하기도 전에 몸이 먼저 움직여 신중하게 생각한 후에 행동하라고 가르친다. 그러나 규범적인 아이는 매사에 신중하다는 장점이 있지만, 실행력 면에서는 그 장점이 단점으로 바뀌기도 한다. 생각을 너무 오래 하다 보면 순발력이 떨어지고 좋은 기회를 놓칠 수가 있기 때문이다.

세상은 내가 고민하는 동안 마냥 기다려주지 않는다. 내 아들은 매사에 신중한 편이다. 그런데 신중함이 지나쳐서 머뭇거리다가 좋은 기회를 놓치고 후회하는 일이 발생하곤 했다. 그럴 때마다 되돌아보며 "그때 바로 결정했으면 좋았을 텐데"라고 후회하면 부모로서 많이 안타깝다. 신중함과 결정력, 그리고 순발력이 조화를 이룬다면 모든 무기를 갖추고 전쟁터 같은 세상에 나서는 것과 같다. 부모의 메타코칭으로 얼마든지 갖춰줄 수 있는 덕목이다.

꿈을 지지하는 과정을 실천하기

'가족이란 무엇인가?'라는 질문을 받았을 때 쉽게 대답이 나오기란 생각보다 어렵다. 대개는 '가족은 그냥 가족이다'라는 생각으로 막연하게 살아간다. 하지만 가족은 나에게 세상에서 가장 소중한 사람들이다. 그리고 제일 소중한 사람들이 주체적으로 자기답게 살아가기를 바랄 것이다. 자기가 원하는 삶을 살 때 가장 행복하기 때문이다. 가족은 서로의 꿈과 비전을 공유하며 응원과 지지를 보내고 힘이 되어줘야 한다.

부모인 우리 역시 청년 시절에는 꿈이라는 것을 꾸었다. 지금은 그때 꿈꾼 대로 이루며 살아가고 있을 수도 있지만, 아예 다른 삶을 살고 있을 수도 있다. 그래서 인생 이모작이라는 표현을 쓰면서 못 이루었던 꿈을 다시 꾸기도 한다. 나이가 들어서라도 꼭 이루고 싶은 꿈을 부부가 서로 알아주고 응원해준다면 얼마나 아름다운가. 내 아이의 꿈도 궁금하지 않은가. 왜 그 꿈을 꾸게 되었는지, 그 꿈을 이루기 위해 어떤 노력을 하는지 진정 구체적으로 궁금하지 않은가.

부모가 아이의 꿈에 관심을 가지고 귀 기울이며 실질적인 질문을 해주면 아이는 가슴이 뛰고 설렐 것이다. 이렇게 서로의 꿈을 지지하는 과정을 가족 프로그램으로 꾸준히 실천한다면 아마도 모든 구성원이 꿈을 이루고 살 것이라 단언한다. 우리 집도 2015년부터 정기적인 가족 워크숍을 열어 자신의 꿈과 비전을 가족 앞에서 발표하는 시간을 꾸준히 가졌다. 평소에 대화를 많이 하고 있다고 생각했지만, 워크숍이라는 가족 공식 행사를 통해 아이들의 구체적인 생각을 듣게 되니 또 다르게 다가왔다. 아이들을 어떻게 지지해줄 것인가를 진지하게 고민할 수 있는 기회를 가졌다는 게 가장 큰 수확이었다.

매년 연말이면 가족 워크숍에서 올 한 해를 어떻게 마무리했으며 무엇이 부족했는지, 새해에는 그것을 어떻게 보완할지 서로에게 질문하고 조언해주며 지지하는 시간을 갖는다. 새해에 새로운 계획이 있다면 무엇인지, 왜 그런 계획을 세웠는지, 계획한 대로 성공하기 위해 어떤 특별한 노력을 할지 등에 대해서도 심도 깊은 피드백을 주고받으면서 가족 구성원 모두가 성장하고 있다.

용기와 도전으로 연결되는 부모의 기대

부모의 지나친 기대는 아이를 무척 힘들게 하고 아이와의 관계를 해치는 상황으로 이어지기도 한다. 반대로 부모의 어떤 기대도 관심도 못 받는다고 느끼는 것 또한 아이의 삶에 치명적인 영향을 준다. 어느 쪽이든 지나치면 무리가 따른다는 이야기다.

우리는 '적당히'라는 말을 싫어하는 경우가 많다. 이것도 그렇고 저것도 아닌 애매한 상태를 얘기하는 것 같아서 확실한 것을 좋아하는 경향에 맞지 않기 때문이다.

하지만 부모와 자녀 관계에서는 좀 다르다. 부모의 관점에서 '적당히'더라도 아이의 관점에서 '지나치다'고 생각하면 지나친 것이 되기 때문이다.

부모의 기대를 일방적으로 던지지 말고, 충분한 소통을 토대로 아이가 원하는 삶의 방향에 관심을 보이며 격려를 아끼지 말아야 한다. 그 가운데 부모의 기대도 얼핏얼핏 드러내는 센스를 발휘한다면 아이는 부모의 기대가 부담이 아닌 응원이라는 생각에 자신감과 자긍심이 생겨날 것이다.

부모의 기대를 압박과 스트레스로 받아들이지 않는 아이의 심리적 환경은 부모와의 관계가 좋기 때문에 가능한 일이다. 부모와 갈등하고 있다면 어떤 양질의 기대와 관심이라도 거부감에 오히려 부정적인 결과를 가져올 수 있다.

부모의 기대가 용기와 도전으로 연결되려면 아이와의 관계가 성공적이어야 한다는 전제가 필요하다. 좋은 관계 속에서 실행하는 부모의 메타코칭이 아이를 성공적인 삶으로 이끈다는 것을 알아야 한다.

부모에겐 인내력이, 아이에겐 지구력이 중요하다

부모의 중요한 덕목 중 하나가 기다려주는 것이다. 아이마다 이해하는 속도가 제각기 다르고, 받아들이는 강도도 모두 다르다. 부모와 아이의 이해력이 다른데도 부모는 재촉하기 일쑤다.

"뭐가 어렵다고 그러니?"
"빨리 좀 말해라."
"생각하다가 시간이 다 가겠네."
"모르겠으면 빨리 말해. 엄마가 도와줄게."
"한 시간 동안 다 풀어놔."

아이에게 생각할 시간을 주지 않고 다그치기만 한다. 아이의 고민을 이해하지 못하고 시간만 흘려보낸다고 답답해한다. 아이는 느긋한데 옆에서 지켜보는 부모가 갑갑해하며 빨리 해결해주려고 한다. 충분히 생각할 시간 없이 누군가가 바로바로 해결해주면 아이가 발전하는 시간을 빼앗는 것이다. 자신이 모르는 문제를 붙들고 고민하면서 스스로 이해하고자 다양한 방법으로 접근해보는 과정이 실력으로 쌓인다. 어려운 문제를 쉽게 포기하지 않고 끈질기게 고민하는 아이를 응원하고, 조금 더 힘내자는 의미로 "파이팅!"을 외쳐줘야 한다.

아이가 세월아 네월아 답답하게 느껴질 때는 다음 세 가지를 명심하자. 첫째, 아이가 천천히 해결하도록 기다리면서 그 과정을 즐기게 한다. 둘째, 어려워도 끝까지 해결 의지를 잃지 않도록 아이를 응원한다. 셋째, 아이가 실수를 통해서 배운다는 것을 믿어야 한다.

아이의 메타인지를 높이는 방법은 속도와는 무관하고, 오히려 속도가 방해 요소라고 보면 된다. 모든 문제를 쉽고 빠르게 학습하는 것이 당연하다고 생각하기 시작하면 나중에는 어려운 문제를 만나거나 그 문제를 틀렸을 때 받아들이기 힘들어질 수 있다.

아이의 실수에 어떤 반응을 보이는가?

나는 성격이 급한 편인가, 느긋한 편인가?

가족이 모여서 가족회의를 한 적이 있는가?

용기 내어 도전하게 해주는 하브루타 메타코칭
다섯 부류의 사람들

한밤중에 한 척의 배가 항해를 하고 있었다. 그때 갑자기 폭풍우를 만나 거센 파도에 밀린 나머지, 배는 항로를 잃고 말았다. 아침이 되자 바다는 다시 조용해졌고, 멀리 아름다운 포구가 있는 섬이 보였다. 섬으로 다가가 포구에 닻을 내렸고 그곳에 잠시 머무르게 되었다.

그 섬에는 진귀하고 아름다운 꽃이 만발했고, 먹음직스런 과일이 주렁주렁 달린 나무가 지천이었으며, 온갖 새가 아름다운 목소리를 자랑했다. 승객들은 다섯 부류의 사람들로 나누어졌다.

첫 번째 부류의 사람들은 자신이 섬에 내린 동안 순풍이 불면 배가 갑자기 떠날까 봐 우려했다. 그래서 그토록 아름다운 섬을 아예 구경할 생각조차 않고, 배가 빨리 목적지로 다시 떠나기만을 기다리면서 배에 그대로 남아 있었다.

두 번째 부류의 사람들은 서둘러 섬으로 내려가서 감미로운 꽃향기를 맡고 시원한 나무 그늘 아래에 앉아서 맛있는 과일도 실컷 따 먹으면서 기운을 되찾은 다음에 즉시 배로 되돌아왔다.

세 번째 부류의 사람들은 섬에 내려가 아주 오랫동안 즐겼으나,

갑자기 순풍이 불어오는 것을 알고는 배가 떠날 것을 염려하여 허겁지겁 달려왔다.

네 번째 부류의 사람들은 순풍이 불어와 선원들이 닻을 걷어 올리는 것을 바라보면서도 서둘러 돌아오지 않았다. 돛을 펼치려면 아직 시간이 꽤 걸릴 것이고, 게다가 선장이 설마 자신들을 남겨두고 떠나기야 하겠느냐면서 그대로 그 섬에서 즐기기를 멈추지 않았다. 그러나 막상 배가 포구에서 미끄러져 나가기 시작하자 허겁지겁 물에 뛰어들어 헤엄친 다음에야 겨우 올라탔다.

다섯 번째 부류의 사람들은 섬에 내려가 그 경치에 도취된 채 먹고 즐겼기 때문에 배가 다시 출항하는 것조차 몰랐다. 그래서 섬에 남겨진 그들 중 일부는 숲속 맹수들에게 죽임을 당했고, 또 일부는 독이 있는 열매를 따 먹어서 병이 들었으며 결국은 죽은 사람도 있었다.

"내가 어떻게 하면 좋을까?"라고 물었을 때 가족이나 친구가 "응, 너는 항상 알아서 잘해왔어. 지금처럼만 하면 돼"라고 확신에 찬 말을 하는 경우가 있다. 이럴 때는 주변 사람들이 나보다 나 자신을 더 잘 알고 있다는 느낌을 받는다. 그들이 나를 정확하게 파악하고 있다기보다는, 그동안 내가 습관처럼 늘 행동해왔던 패턴대로 행동하고 있기 때문이기도 하다.

그런데 이 이야기 속 사람들의 뚜렷한 행동처럼 그 유형을 구체적으로 분류한 후에 나는 어느 유형에 속하는 사람인가를 확인하면 지금까지의 내 행동들을 훨씬 이해하기가 쉽고, 앞으로는 어떻게 행동하는 것이 좋을지 판단하기도 용이하다.

첫 번째 부류처럼 나도 지나치게 소극적이어서 용기와 도전이 필요한지, 아니면 네 번째 혹은 다섯 번째 부류처럼 지나치게 적극적이거나 너무 위험한 도전으로 자주 어려움을 겪는지, 대화와 토론을 통해 자기 인생을 전반적으로 검토하는 시간을 가질 수 있다. 특히 아이의 적극성과 도전적 기질을 파악하고 너무 부족하거나 지나치다면 이 이야기를 함께 읽은 후 보완하고 조절하는 시간을 가질 수 있다.

이처럼 시각화하기 쉬운 이야기로 하브루타를 하는 시간은 나를 투영하면서 메타인지를 높일 수 있는 시간이 되어준다. 아이와 함께 자신이 만족하고 안주하는 유형인지, 아니면 변화와 도전을 즐기는 유형인지 이 이야기로 하브루타를 하면서 메타인지를 키워보자.

[아이의 메타인지를 높여주는 하브루타 질문]

• 나는 어떤 부류의 사람인가?

• 내가 가장 위험하다고 느낀 부류는 어떤 부류인가?

• 내가 가장 안전하다고 느낀 부류는 어떤 부류인가?

• 가장 지혜롭다고 느껴지는 부류는?

• 나는 어떤 부류에 속하고 싶은가? 그 이유는 무엇인가?

- 내가 선택한 부류에 만족하지 않는가? 그 이유는 무엇인가?
- 내가 선택한 부류가 만족스럽지 않다면 몇 번째 부류로 옮겨 가고 싶은가?
- 배를 타고 다시 항해에 나선 사람들이 어쩌면 가장 위험할 수도 있지 않을까?
- 다섯 번째 부류에 대해 다른 관점으로도 생각할 수 있을까?
- 위험한 삶과 위험하지 않은 삶을 어떻게 구분할까?

CHAPTER 9

적절한 동기부여로
아이의 의욕을 불러일으켜라

사전적 정의에 따르면 경쟁은 같은 목적을 두고 서로 이기거나 앞서려고 겨루는 것이다. 현대인은 치열한 경쟁 속에서 살아간다. 조금이라도 더 앞서거나 이기기 위해 누군가를 짓밟거나 무너뜨리는 일도 일어난다. 그러지 않으면 자신이 살아남지 못한다고 경쟁을 정당화한다.

물론 경쟁이 무조건 나쁘기만 한 것은 아니다. 우리는 경쟁을 통해 발전을 이뤄왔다. 경쟁자의 새로운 시도나 성공에 자극을 받아 앞으로 나아갈 힘을 얻는다. 경쟁은 자신에게 동기부여를 하는 방법이 되기도 하는 것이다. 1등을 유지하기가 힘들다고 말하는데, 자신을 자극해줄 라이벌이 없기 때문이다.

아이들은 '나도 저 아이처럼 할 수 있을까?'라는 부러움에 친구를 모방하고 싶은 모델로 정해놓고 따라 하기도 하며 선의의 경쟁을 한다. 상대방을 넘어뜨려 이기겠다는 마음이 아니라 상대방과 같아지고 싶은 마음을 경쟁심이라고 느낀다. 초등학교에서 칭찬 스티커를 붙여주면서 건강한 경쟁을 유도하는 것도 내가 잘하면 다른 아이의 스티커를 떼는 것이 아니라 내 스티커를 하나 더 붙이는 것이기 때문이다. 이런 경쟁심을 활용한 동기부여로도 아이가 성취감과 자신감과 만족감을 느끼면서 성장할 기회를 마련할 수 있다.

경쟁심이 유난히 많은 아이를 부정적 시선으로 바라보기보다는 잘하고 싶은 욕구가 강한 것인 만큼 장점으로 작용하도록 이끌어준다면 충분히 발전의 동력으로 삼을 수 있다. 경쟁심이 강한 아이도 협업을 통해서 같이 성장하는 긍정적 경험을 많이 하면 자신만의 발전을 추구하기보다는 '우리'라는 개념을 배우고 건강한 사회인으로 성장할 수 있다.

유아기의 모방 욕구를 적절히 활용하라

세상의 모든 것이 신기하고 다 따라 하고 싶은 시기가 있다. 특히 여자아이는 엄마가 화장하는 모습을 보면서 '언젠가 나도 엄마처럼 예쁘게 눈 화장도 하고 입술도 빨갛게 발라야지'라고 생각한다.

아이라서 그러는 것이 아니라 인간의 본성에는 자신이 좋아하는 사람을 따라 하고 싶은 마음이 내재되어 있다. 우리가 어린 시절에 담장 아래서 했던 소꿉놀이를 떠올려보자. 밥을 짓고 상을 차려서 맛있게 먹는 시늉을 하는 등 부모의 일상을 흉내 내면서 논다.

유아기 때는 모방하고자 하는 욕구가 강렬하다는 점을 부모가 이해하고 아이를 바라봐야 한다. 뭐든지 흉내 내면서 다양한 능력을 습득하고 빠르게 성장하므로 많은 체험을 통해 자연스럽게 동기부여가 되도록 배려한다.

호기심을 갖고 도전하게 만드는 최적의 상황

아이들은 너무 어렵다고 생각하면 포기하는 경향이 있다. 반대로 너무 쉬워도 흥미를 느끼지 못한다. 당장은 어렵지만 조금만 노력하면 해낼 수 있겠다는 정도가 아이의 동기부여와 도전 욕구를 가장 자극한다. 현재 아이의 수준보다 약간 어려운 과제를 주어서 스스로 천천히 해결하도록 충분한 시간을 준다면 아이는 힘들었지만 결국 해내고 말았다는 경험을 할 수 있다. 이를 통해 아이의 관심이 더욱 깊어지고 자신감도 올라간다.

아이한테 지나치게 높은 단계를 요구하거나 과도한 목표를 설정하면 시작도 하기 전에 포기하게 된다. 아이들이 게임에 빠지는 것은 조금만 더 하면 새로운 단계로 올라설 수 있다는 간절함으로 계속 도전하게 만들기 때문이다. 단계별로 자기 한계를 깰 수 있도록 장치해놓은 게임의 묘미를 아이가 좋아하는 다른 일에도 활용해보자.

아이의 인정 욕구를 활용하라

동기부여론을 개발한 에이브러햄 매슬로(Abraham Maslow)의 욕구 단계설에 대해 한 번쯤 들어봤을 것이다. 매슬로는 인간의 본성에 대해 다음 세 가지 가정을 전제로 하여 동기부여론을 개발했다. 첫째, 인간은 만족할 수 없는 욕구를 가지고 있다. 둘째, 인간의 행동은 만족하지 못한 욕구를 채우는 것을 목표한다. 셋째, 인간의 욕구는 기본욕구(생리적 욕구, 안전을 향한 욕구)부터 상위 욕구(소속감과 애정을 느끼고 싶은 욕구, 인정과 존경을 받고 싶은 욕구, 자아실현 욕구)까지 5단계로 이루어져 있다. 기본욕구가 채워지면 인간은 상위 욕구를 채우려고 한다. 상위 욕구는 기본욕구가 충족될 때 동기부여 역할을 한다.

매슬로에 따르면 인정 욕구는 상위 욕구에 해당한다. 인정받고 싶다는 감정은 어른과 아이를 떠나서 인간이라면 누구나 느끼는 욕구로, 타인의 인정을 통해 자신의 존재 가치를 확인한다. 아이는 다른 누구보다 부모가 인정해줄 때 가장 행복해한다. 다른 사람들이 다 인정해도 부모가 인정해주지 않으면 아이는 자신의 존재 가치를 부정하게 된다. 하지만 그런 인정 욕구가 지나치면 타인과 끊임없이 비교하기에 이르고, 자신이 하는 모든 일에서 자신감이 떨어진다.

인정받고 싶은 욕구는 인간의 생존을 위해 꼭 필요한 심리적 욕구인 만큼 부모가 아이를 키울 때 세심하게 신경 써야 할 부분이다. 부모가 올바르게 인정해줘야 아이는 모든 사람에게 다 인정받으려고 지나치게 안달하지 않는다. 아이를 인정해줄 때는 막연하게 두루뭉술 말하기보다 구체적으로 표현하는 것이 효과가 크다.

"우리 딸이 열심히 연습하더니 드디어 2등을 해냈구나. 자랑스럽다."

"우리 아들이 매일 성실하게 공부하는 습관을 갖더니 드디어 보람을 느끼겠네. 멋지다."

"그림 그리기 대회를 열심히 준비하더니 드디어 심사 위원들이 네 실력을 알아봐주시는구나. 장하다."

아이가 좋아하고 깊은 관심을 보이는 분야의 세계적인 인물을 따라서 아이의 닉네임을 만들어 부르는 것도 좋은 방법이다.

"아인슈타인 같은 세계적 과학자, 영수야!"
"베토벤 같은 세계적 피아니스트, 영희야!"

이런 닉네임을 부담스러워하는 아이도 있지만, 그렇지 않은 아이에게는 충분한 동기부여가 될 수 있다. 아이들이 어디에나 흔하게 있는 사탕을 왜 유치원이나 학교에서는 최선을 다해 받으려고 하는지 생각해보면 그것이 바로 인정받고자 하는 욕구에서 나온 행동임을 알 수 있다. 이처럼 인정 욕구를 적절히 활용하면 아이에게 적절한 동기부여를 할 수 있다.

흥미도 잃고 자신감도 없는 아이라면

공부든 취미든 잘하고 싶다면 일단 잘하려는 의욕, 즉 동기가 있어야 한다. 아이의 그런 의욕을 고취하려면 쉬운 단계부터 시도하도록 이끄는 것이 좋다. 처음부터 너무 어려워서 힘들기만 하면 아이는 가지고 있던 자신감도 잃고서 좌절하고 만다. 자신감은 무엇이든 해낼 수 있다는 낙관적 믿음으로, 도전할 만하고 스스로 노력해서 결과물을 만들어낼 수 있을 때 탄탄해진다. '어라, 하니까 되네!' 하는 느낌을 자주 받으면 아이의 자존감도 향상된다. 이때 아이가 어느 정도 수고를 들여야 짜릿한 성취감까지 느낄 수 있다.

수학에 흥미가 없고 자신감이 떨어져 있는 아이에게는 아주 쉬운 단계에서 시작하여 거뜬하게 풀 수 있는 문제들을 통해 자신감을 회복시켜주는 게 우선이다. 열 문제가 쉬운 문제라면 한 문제 정도는 고민을 좀 해야 풀 수 있는 정도여야 아이가 좌절감을 덜 느끼고 수학에 대한 흥미와 관심도 불러일으킬 것이다. 유대인들이 『탈무드』로 자녀와 하브루타 토론을 하는 이유도 거기에 담긴 이야기들이 일단 쉽기 때문이다. 게다가 여러 관점으로 생각해볼 만하기까지 하므로 다양한 연령대의 아이들을 모두 망라할 수 있다는 장점도 있다.

아이의 말에 매번 성의껏 반응해주고 있는가?

아이를 인정하는 표현을 자주 쓰는가?

아이가 작은 성취감을 느낄 수 있는 활동을 하는가?

아이에게 동기부여를 해주는 하브루타 메타코칭

운이 좋은 사람

한 청년이 나귀 한 마리와 개 한 마리를 데리고 여행을 떠났다. 숲길을 지나니 개울이 보였다.

"우리 저기서 잠시 목을 좀 축이고 갈까?"

청년은 나귀와 개를 데리고 개울가로 갔다. 청년이 먼저 양손을 모아서 그릇 모양을 만들어 개울물을 퍼마셨다.

"와, 시원하고 맛있다."

나귀와 개도 목이 말랐는지 개울물에 얼굴을 처박고 목을 축였다.

"이제 좀 쉬었으니까 다시 출발하지."

개울을 지나자 황량한 모랫길이 나왔다.

"여기부터는 좀 힘들겠는걸."

햇볕은 뜨겁고, 모래는 휘날리고, 잠시 쉴 만한 나무는 한 그루도 보이지 않았다. 여행길은 힘들었고 어느새 날이 저물었다. 다행히 저 멀리에 헛간 하나가 보였다.

"그래, 오늘은 저기서 쉬어야겠군."

헛간은 비어 있었다. 그리고 헛간에서 좀 떨어진 곳에는 마을이 있는지 불빛이 반짝였다.

"마을까지는 가기 힘드니까 여기서 대충 자야겠다."

청년은 나무 기둥에 나귀와 개를 묶어놓았다. 그리고 헛간으로 들어가서 등불을 켰다.

"책 좀 읽고 자야지."

시간이 한참 지났다. 그런데 나귀와 개의 소리가 전혀 들리지 않았다. 이상하게 여긴 청년은 황급히 밖으로 나가봤다.

"이게 어떻게 된 거야! 세상에 이런 일이……."

끔찍한 일이 벌어지고 말았다. 늑대가 나귀와 개를 잡아먹은 것이었다. 청년은 그 자리에 주저앉아 울먹거렸다.

"이제 나는 어떡한담. 나귀와 개가 내가 가진 전부인데."

청년은 슬픔에 젖은 채 헛간 안으로 들어왔다. 그런데 그 순간 바람 때문에 등불마저 꺼져버렸다.

"도대체 왜 이러는 거야. 왜 이렇게 재수가 없는 거야."

절망에 빠진 청년은 지쳐서 스르르 잠이 들고 말았다. 아침이 되자 청년은 마을 쪽으로 갔다. 그런데 마을에는 노인 한 명만 있을 뿐 다른 사람은 아무도 보이지 않았다.

"왜 이렇게 마을이 조용하죠?"

청년이 묻자 노인이 눈물을 흘리며 말했다.

"어제 도적들이 나타나서 마을 사람들을 다 죽였소."

그제야 청년은 자신이 재수 없는 사람이 아니라 행운아라는 것을 알았다. 만약 어젯밤에 등불이 켜져 있었다면 도적 떼에게 발견됐을 것이다. 또한 나귀와 개가 죽지 않았다면 나귀와 개의 소리를 듣고서 도적 떼가 청년이 있는 헛간으로도 몰려들었을 것이다. 청년은 더 이상 절망하지 않고 가슴속에 희망을 품은 채 다시 길을 떠났다.

하루에도 많은 일이 일어난다. 그중에는 자신이 원하지 않은 일도 있는데 이를 어떻게 받아들이고 대응하느냐에 따라 하루의 모습이 결정되고, 그 하루하루가 쌓여서 전체 삶의 모습이 된다. 즉 사소한 실수나 작은 실패에 직면했을 때 이를 어떻게 수용하고 해결할지는 내가 선택하는 것이다. 그 선택에 따라 나는 다음 단계로 나아갈 수도 있고, 거기에서 멈추거나 오히려 뒷걸음질하게 될 수도 있다. 작은 실수 때문에 일을 그르쳤을 때 실망하고 좌절하여 자신을 탓하며 원망하게 되면 새로운 용기를 내기도, 다시 도전 정신을 불러일으키기도 어려워진다.

아이의 일상에도 작지만 여러 일이 일어난다. 아이가 감당할 수 있는 일도 있고, 감당할 수 없는 일도 있다. 아이가 실수나 실패를 재도전의 기회로 생각하도록 동기부여를 해주고 격하게 응원하는 것이 필요하다. 회복 탄력성은 실패했을 때 실패를 두려워하지 않고 다시 도전하는 정신을 말한다. 또한 예상치 못한 일들이 벌어졌을 때 어떻게 대응하고 해결하느냐에 따라 아이의 메타인지가 향상될 수도 있고, 부모에게 의지만 하는 아이가 될 수도 있다. 나쁜 일이 일어났을 때 어떤 방식으로 처리할지 스스로 판단하고 결정하는 경험을 해봐야 나중에 비슷한 상황이 다시 생겼을 때 타인에게 의지하지 않고 주도적으로 해결하는 아이로 성장한다. 메타인지는 상황별 모니터링을 통해 해결 방법을 찾고 컨트롤하는 훈련 과정에서 키워진다.

[아이의 메타인지를 높여주는 하브루타 질문]

- 나에게 생긴 일들 중에서 가장 나쁜 일이었다고 생각되는 일은?
- 원하지 않은 일이 일어나면 내가 가장 먼저 하는 행동은?
- 기분 좋지 않은 일이 일어나면 어떤 생각이 먼저 드는가?
- 나쁜 일이 생겼을 때 오히려 긍정적으로 생각하면 무슨 일이 일어나게 될까?
- 나는 행운아인가? 아니면 운이 없는 사람인가?
- 나쁜 일이 있을 때 가장 먼저 생각나는 사람은?
- 나는 운이 좋은 사람이라고 생각되는 일이 있었는가?
- 나에게 소중한 것을 잃어버린 적이 있는가?
- 가장 후회되는 일이 있다면?
- 후회하는 일을 만들지 않으려면 어떻게 하면 될까?

CHAPTER 10

아이의 대답을 다그치지 마라

외국인이 우리나라에 와서 가장 먼저 배우는 말이 "빨리빨리!"라고 한다. 빨리빨리 문화는 어느 정도 우리를 대표하는 문화로도 종종 소개된다. 사실 우리는 언제부터인지 모르게 뭐든지 빨리빨리 해야 한다는 강박에 쫓기고 있다. 그러다 보니 식당에서도 예상 시간에서 조금만 벗어나면 언제 음식이 나오는지 다그치기 일쑤다.

이런 조급한 마음은 자녀와의 관계에서도 여실히 드러난다. 누가 묻는 말에 아이가 곧바로 대답하지 않거나 조금만 고민하는 모습을 비쳐도 부모가 대신 입을 열어 말하거나 아이의 대답을 독촉한다.

"빨리 좀 대답해라. 아이고, 답답해라."

"무슨 생각을 그렇게 오래 하냐고, 빤한 생각을."

"생각하다가 하루해가 다 가겠네."

"오래 생각한다고 답이 나오냐?"

"엄마가 대신 말해도 돼?"

"너 이렇게 말하려고 했지?"

"몰라서 그러는 거야? 모르면 모른다고 해."

아이의 생각을 다그치는 이런 말들을 부모는 수시로 한다. 아이에게 충분히 생각할 시간을 주고 느긋하게 기다리는 것은 부모가 반드시 중요하게 갖춰야 할 덕목이다. 부모가 기다려줄 때 아이는 존중받는다는 느낌이 들고, 이는 아이가 성장하는 밑거름으로 쌓인다.

하브루타 대화법은 단 세 마디로 충분하다

이제 유대인의 하브루타 교육법은 어느 정도 알려져 있다. 아이들이 자기 생각을 거리낌 없이 표현하도록 안내하는 하브루타 대화법도 마찬가지다. 아이와의 이런저런 대화법을 알려주는 자녀교육서도 무수히 쏟아지고 있다. 그런데도 여전히 부모는 아이와 대화하기가 어렵고 일방적일 때가 많다. 그만큼 아이와의 대화가 쉽지 않다는 방증이다.

유난히 대화와 토론을 좋아하는 유대인은 아이의 의사를 무척 존중한다. 어떤 상황에서도 아이의 의견을 물어보고 왜 그런 말을 하는지, 왜 그런 행동을 하는지 다음과 같은 대화로 풀어 간다. 이를 하브루타 대화법이라고 일컫는다.

"네 생각이 뭐야?"
"너는 어떻게 할 거야?"

"왜 그렇게 생각하는데?"
"왜 그렇게 행동하는데?"

"아! 그렇구나."
"그럴 수도 있겠는데."

이유 없는 행동은 없다. 물론 아이가 많이 어리다면 이유 없이 억지를 쓸 때도 있지만, 그렇더라도 아이의 생각을 먼저 물어보고 나서 결정해도 늦지 않다. 앞에서도 얘기했지만 하브루타 대화법에서 아이의 의견을 묻는 것은 '존중'의 의미이고, 그 이유를 묻는 것은 더 '경청'하겠다는 자세, 즉 아이를 이해하고 싶다는 의지의 자세이며, 더 나아가 아이의 어떤 이야기도 수긍하는 말은 아이의 생각을 일단 긍정적으로 받아들이겠다는 '인정'의 태도다. 이처럼 아이의 생각을 수시로 물어보고 대화로 풀어가는 연습은 매우 중요하다. 이런 과정이 습관처럼 아이에게 내재화되어 성인이 되어서도 몸에 밴 대로 행동하게 되기 때문이다.

쉬운 텍스트를 통해 깊이 있는 대화로 나아간다

다채로운 그림책은 아이들과 대화할 기회를 마련해주는 접근성 높은 텍스트다. 전래동화나 『탈무드』를 통해서도 아이의 눈높이에서 많은 대화를 나누며 아이의 생각을 끌어낼 수 있다. 평소에는 마땅한 계기가 없어서 듣지 못했던 아이의 생각을 들을 수 있는 시간이 되기도 한다. 여기서는 『탈무드』에 나오는 「할아버지의 과일나무」를 예로 들어보겠다.

햇볕이 따스하고 산과 들에 향기로운 꽃들이 앞다투어 피어나는 봄날이었다. 어제는 봄비가 메마른 땅을 촉촉이 적셔주기까지 했다.
머리가 희끗희끗하게 센 할아버지가 뒤뜰에 나가서 나무를 심고 있었다. 할아버지에겐 어린 손녀가 있었다. 손녀는 집 밖에 나갔다가 돌아오는 길에 뒤뜰에 있는 할아버지를 보고 다가가서 물었다.

"할아버지, 지금 이 나무를 심으면 언제쯤 과일을 따 먹을 수 있어요?"

할아버지가 작은 나무를 내려다보며 말했다.

"우리 예쁜 공주님이 자라서 결혼을 하고 아이를 낳을 즈음이면 맛있는 과일을 맛볼 수 있을 거다."

할아버지가 심은 나무는 몇십 년에 한 번씩 열매를 맺는 진귀한 나무였다. 할아버지의 말을 들은 손녀는 손뼉을 치며 폴짝폴짝 뛰었다.

"우와! 신난다! 그럼 그때 할아버지가 과일을 따주세요. 저는 키가 작아서 따지 못하니까요."

"그런 염려는 안 해도 된단다. 그때가 되면 네가 이 할아비보다 키가 더 클 수도 있으니까."

"제 키가 더 크면 할아버지한테 과일을 따드릴게요."

"괜찮다."

순간 할아버지의 얼굴이 조금 슬퍼 보였다.

"얘야."

손녀가 불안한 듯 할아버지의 손을 꼭 잡았다.

"네, 할아버지."

"나는 그때 네 옆에 없을지도 모른단다. 하지만 걱정하지 마

라. 네 주변에는 더 좋은 사람들이 많아질 테니. 그리고 이 뜰에는 네 자식들이 즐겁게 뛰어놀고 있을 거다. 저기 저 나무를 좀 보렴."

할아버지가 지난해 가을에 과일이 주렁주렁 열렸던 커다란 나무를 가리켰다.

"작년 가을에 저 나무에 열린 과일들을 모두가 맛있게 먹었지? 저 나무는 아주 옛날에 나의 할아버지가 나를 위해 심으신 거란다."

"……"

손녀는 할아버지의 말을 아는지 모르는지 커다란 눈만 깜빡거리다가 할아버지의 품에 꼭 안겼다.

이 이야기를 가지고 아이와 무슨 대화를 나누면 좋을까? 일단 대화의 물꼬를 트고 아이의 생각을 꺼낼 수 있는 질문이 필요하므로 PART 2에서 좋은 질문을 만드는 방법을 참고하자.

[아이의 생각을 이끌어내는 질문]

• 너도 할아버지와 함께 살고 싶어?

• 할아버지에게 선물을 받는다면 무엇을 받고 싶어?

• 너는 할아버지, 할머니를 얼마만큼 좋아해?

• 네가 할아버지, 할머니에게 선물을 한다면 무엇을 드리고 싶어?

- 장난감 말고 열매가 열리는 나무를 선물로 받는다면 네 기분이 어떨 것 같아?
- 할아버지가 너를 많이 사랑하는 것 같아?
- 네가 나중에 할아버지나 할머니가 된다면 손녀를 얼마만큼 사랑해 줄 수 있어?
- 선물을 바로 주지 않고서 많이 기다리라고 하면 네 기분이 어떨까?
- 할아버지와 가고 싶은 곳이 있다면 어디일까?

이렇게 한 편의 이야기로 아이와 대화하면서 다양한 생각을 불러일으킬 수 있다. 이런 시간은 조부모와의 관계에 대해 진지하게 생각해보고 그 감정이나 느낌, 좋은 추억 등을 나누는 기회가 되어준다. 조부모의 사랑도 다시 한번 깨닫게 된다.

조부모가 손주를 맡아서 교육하는 '격대교육(隔代教育)'을 주제로 삼을 수도 있다. 맞벌이의 증가로 조부모가 주 양육자로 나서서 아이를 돌보고 가르치는 가정이 늘고 있다. 격대교육은 단순히 지식을 전달하는 데 그치지 않고 삶의 이치와 예의범절, 인생을 살아가는 데 필요한 지혜를 전수하는 데 의미가 있다. 조부모에게 사랑을 느끼고 긍정적인 감정을 가질 수 있으며 올바른 인성을 함양하는 데도 많은 도움이 된다. 이처럼 짧은 글을 통해서도 여러 주제에 대해 많은 이야기를 나눠볼 수 있다.

유대인들의 부모 역할에 대해 어떻게 생각하는가?

내 아이의 스승으로서 제 역할을 다하고 있다고 생각하는가?

어떤 텍스트로 아이와 이야기를 시작해보고 싶은가?

즐거운 대화와 원활한 소통을 위한 하브루타 메타코칭
망치 좀 빌려주세요

어느 유대인 부부가 새집으로 이사를 했다. 들뜬 표정으로 집을 둘러보던 부부는 집 안을 예쁘게 단장하기로 했다.

"여보, 우선 벽에 액자를 달까요?"

"허허허! 그럽시다."

남편이 연장통에서 망치를 꺼내어 이쪽저쪽으로 옮겨 다니며 액자를 걸기 좋은 자리에 못을 박았다. 그런데 마지막 못을 박으려는 순간에 망치 자루가 그만 똑 부러지고 말았다.

"어이쿠! 이거 하나만 더 박으면 되는데……."

"여보, 하는 김에 다 끝내야 하니까 옆집에 가서 망치를 빌려 오는 게 어때요?"

남편이 옆집으로 가서 문을 두드렸다.

"누구시오?"

그 문 너머에서 옆집 남자의 목소리만 들려왔다.

"옆집에 이사 온 사람입니다. 망치를 좀 빌리러 왔습니다."

옆집 남자는 그제야 문을 빼꼼히 열었다.

"망치요?"

"네, 못을 박다가 자루가 부러져서요."

옆집 남자는 입술을 삐죽하며 못마땅한 얼굴로 말했다.

"나는 목수요. 귀중한 연장을 남한테 함부로 빌려줄 수 없소. 친한 사람한테 빌려줬다가 큰 낭패를 본 적이 있다오. 그런데 생판 모르는 당신한테 내 연장을 어떻게 빌려준단 말이오?"

"정 그러시다면 어쩔 수 없지요."

남편은 별수 없이 빈손으로 집에 돌아왔다.

며칠이 지났다.

"똑똑똑!"

이번에는 옆집 남자가 새로 이사 온 부부의 집으로 찾아왔다. 남편은 원래 누구에게나 친절한 사람이었지만, 왠지 옆집 남자와는 말을 하기 싫었다.

"무슨 일이시죠?"

"내가 급히 삽이 좀 필요하오. 금방 쓰고 돌려드릴 테니 삽을 좀 빌립시다."

순간 남편은 갈등이 되었다. 남편은 뭐라고 말하면 좋을지 생각해봤다.

'며칠 전에 당신이 나를 믿지 못한다면서 망치를 빌려주지 않았으니 나도 빌려주기 싫소.'

하지만 남편은 고개를 절레절레 흔들며 다시 생각해봤다.

'네, 빌려드리지요. 저는 당신처럼 연장을 귀하게 여기지도 않고, 다른 사람한테 빌려줘서 손해를 본 적도 없거든요.'

세상은 혼자 살아갈 수 없다. 좁게는 가족과 이웃 같은 작은 공동체, 넓게는 사회라는 큰 공동체 속에서 더불어 살아가야 한다. 가족, 이웃, 또래 등과 같이 작은 단위의 공동체일지라도 조화로운 관계를 유지하기 위해서는 원활한 소통을 위한 의식과 행동이 필요하다. 친절한 인사나 작은 도움 같은 것들 말이다.

이 이야기에서 망치를 빌려주지 않은 옆집 남자의 행동은 며칠 뒤에 자신도 이사 온 이웃에게 무엇인가를 빌릴 수도 있다는 사실을 예측하지 못한 행동이다. 망치를 흔쾌히 빌려줬더라면 삽을 빌릴 때 미안해할 일 없이, 염치없는 상황을 만들지 않고 이웃과 기분 좋게 소통하며 유쾌하게 지낼 수 있었을 텐데, 그 기회를 놓친 것이다. 이웃은 사촌보다 낫다고 해서 '이웃사촌'이라는 말도 있다. 가장 잘 소통하면서 서로 도와가며 지내는 이웃이 어쩌면 멀리 있는 친척보다 나에게 더 필요할지도 모른다.

평소에 가족과 친구, 그리고 일상에서 자주 만나는 이웃들에 대해 얼마나 이해하고서 소통하고 있는지 이 이야기를 통해 아이와 함께 돌아보자. 만약 부모를 비롯한 가족이든, 친구든, 이 외의 다른 사람이든 원활한 대화로 부드럽게 소통하기 어려운 지점이 있다면 앞으로는 어떤 소통 능력과 상황 대응 능력을 갖춰야 하는지 아이와 함께 토론하면서 생각하는 힘을 키워보자. 자신의 현재 생각과 역량을 들여다보고 더 나은 선택을 할 수 있는 높은 수준의 메타인지를 갖추기 위해서는 꾸준한 노력이 필요하다.

[아이의 메타인지를 높여주는 하브루타 질문]

- 망치를 빌려주지 않은 옆집 남자에 대해 어떻게 생각하는가?
- 목수가 직업인 옆집 남자에게 망치는 어떤 의미일까?
- 나에게 아주 소중한 것을 빌려달라고 한다면 어떻게 할 것인가?
- 망치를 빌려주지 않은 옆집 남자를 이해한다면 어떤 이유인가?
- 망치를 빌려주지 않은 옆집 남자에게 남편은 어떤 마음으로 삽을 빌려줬을까?
- 망치를 빌려주지 않고도 삽을 빌릴 수 있었던 옆집 남자는 무슨 생각이 들었을까?
- 나에게 잘못한 친구를 이해하거나 용서한 적이 있는가?
- 그 친구를 용서한 적이 있다면 그때 어떤 마음이었는가?
- 친구에게 도움을 받은 적이 있는가? 어떤 일이었는가?
- 나는 친구나 이웃에게 좋은 사람인가?

HAVRUTA

METACOACHING

하브루타 메타코칭을 위한 감성 터치 카드

Q&A CARD

감성 **터치 카드**란?

질문에는 다양한 형태가 있다. 우선 다른 사람에게 어떤 도움을 주려고 하는 친절한 질문이 있다.

"무엇을 도와드릴까요?"
"어디 아프신 건 아닌가요?"
"바쁘시면 먼저 하실래요?"

반대로 도움이 필요하여 다른 사람에게 도와달라고 요청하는 질문이 있다.

"잘 모르겠어요. 다시 한번 설명해주실 수 있나요?"
"길 좀 가르쳐주실 수 있나요?"
"도와주세요. 경찰서가 어디 있나요?"

그런데 잘 모르는 사람이 다소 공격적으로 개인적인 신상을 무례하게 물어오기도 한다.

"어디 사세요?"
"결혼은 하셨어요?"

"왜 결혼을 안 하셨어요?"

"아이는 몇인가요?"

"어떤 직장에 다니나요?"

또 아이에게 무심코 이렇게들 물어보는데, 배려가 부족한 질문들이다.

"꿈이 있니?"

"어떤 꿈이 있어?"

"왜 꿈이 없어?"

"공부 잘하니?"

"어느 대학에 가고 싶어?"

우리는 이처럼 수많은 질문에 수시로 노출된다. 불쾌한 질문을 받으면 기분이 상하고 마음의 상처를 받지만, 반대로 내 의도와는 다르게 잘못된 질문법으로 나 역시 상대방을 언짢게 만들어서 상대방과의 관계가 어긋나거나, 심지어 단절되는 경우도 있다. 하지만 적절한 질문을 잘 사용하면 상대방과의 관계를 회복하고, 나아가 이전보다 더 굳건하게 다질 수 있다. 감성 터치 카드는 깊은 공감과 이해와 소통을 바탕으로 이런 목적을 달성할 수 있도록 도와준다.

여기서는 두 가지 유형의 감성 터치 카드를 소개하고자 한다. '공감과 성장의 감성 터치 카드'는 부모와 자녀 사이에, 혹은 아이들끼리 사용할 수 있는 아이를 위한 카드이고, '생각을 나누는 감성 터치 카드'는 부모를 비롯한 어른을 위한 카드다.

부모와 자녀 사이라도 일상적인 대화만으로 서로를 깊이 알아가기에는 역부족이다. 그 부족함으로 인해 다양한 갈등과 불협화음이 일어나기도 한다. 그동안 많은 부모 교육에서 감성 터치 카드를 사용했는데, 그 결과 부모와 아이의 관계가 개선되고, 심지어 메타인지까지 향상되는 사례들을 수없이 확인할 수 있었다.

부모와의 대화가 원활하게 이루어지는 가정은 아이의 메타인지를 키우는 최적의 환경이다. 메타인지를 높이는 중요한 핵심 중 하나가 부모와 아이의 좋은 관계로, 서로간의 신뢰가 바탕이 되어야 부모가 건네는 조언과 충고가 아이에게 긍정적으로 받아들여지고, 그래야 아이도 궁극적으로 성장할 수 있다.

부모와 아이 사이에 자연스럽게 대화의 물꼬를 열고 싶다면 '공감과 성장의 감성 터치 카드'를 활용해보자. 적당한 크기의 종이 한쪽 면에 질문을 적어 카드를 만든다. 다음의 카드 사용법에 따라 아이와 함께 서로 질문하고 경청하고 공감하고 위로하고 격려까지 해준다면 아이와의 관계에 더없이 유익한 시간, 더불어 메타인지도 높이는 시간이 될 것이다.

부모를 비롯한 성인들은 '생각을 나누는 감성 터치 카드'를 통해 상대방에 대해 좀 더 구체적으로 알아가면서 진심으로 공감하게 될 수 있다. 또한 자기감정도 제대로 분출하고 해결할 수 있어서 나 자신에게도 위로와 치유의 기회가 되어준다.

감성 터치 카드 사용법

사용법 1 | 각자 자신이 질문받고 싶은 카드를 선택한 후 상대방과 교환해서 질문하기

먼저 감성 터치 카드들 중에서 각자 질문받고 싶은 카드를 선택하고 나서 그 카드를 서로 교환한다. 자신이 원하는 질문을 상대방이 대신 해주는 방법이다.

자신이 말하고 싶은 내용을 직접 선택한다는 것은 스스로 말할 준비가 되어 있다는 뜻이다. 상대방이 대답하기 불편하거나 얘기하기 꺼림직한 내용은 공격적인 질문이 되어 상대방에게서 말할 기회를 빼앗는다. 서로에게 편안하게 다가가기에 가장 좋은 질문은 본인이 얘기하고 싶은 것을 상대방이 대신 질문해주는 것이라고 생각한다.

상대방이 받고 싶어 하는 질문을 대신 해주고, 자신이 말하고 싶은 것은 자연스럽게 얘기하면서 서로를 편안하게 알아가는 시간을 가져보자. 서로의 감정에도 공감하게 되는 행복한 힐링의 시간이 될 것이다.

아이와 부모 사이뿐만 아니라 형제나 친구 사이에도 사용할 수 있다. 대화가 가능한 장소라면 누구와도 같이할 수 있는 질문법이다.

사용법 2 | 상대방에게 질문하고 싶은 카드를 직접 선택해서 질문하기

상대방에게 궁금한 내용의 카드를 직접 선택해서 질문한다. 이때 자기 질문에 상대방이 대답하기 싫어한다면 존중해줘야 한다. 누구에게나 가끔은 대답하기 싫은 질문이 있다. 상대방이 다른 질문을 선택해달라고 하면 기꺼이 응한다.

사용법 3 | 질문 카드를 뒤집어놓고 무작위로 선택해 질문하기

처음부터 무작위로 뽑은 질문 카드에 무조건 대답하기로 정하고 나서 시작할 수 있는 놀이다. 입 밖으로 말하고 나면 속이 시원해질 때가 있으므로 무엇이든 말할 준비가 되었을 때 시작한다. 이 방법은 모두가 규칙에 동의했을 때 가능하다.

아이를 위한
공감과 성장의 감성 터치 카드

1. 어떤 사람이 되고 싶니?

아이들의 생각은 쉬지 않고 움직인다.
아이를 잘 관찰하면 관심사가 바뀌는 때를 알 수 있다.
그럴 때 자연스럽게 질문하면 어떨까?

2. 가장 좋아하는 사람은 누구니?

아이가 좋아하는 사람이 수시로 바뀔 수도 있다.
그 사람을 왜 좋아하는지 물으면서
아이의 감정을 들여다볼 기회다.

3. 우울할 때가 있다면 언제니?

소아 우울증을 겪는 아이들이 적지 않다.
혹시 우리 아이도 우울감을 느끼고 있는지 자연스럽게
질문해보자. 아이와 충분한 대화를 시도하고,
필요하다면 전문가의 상담을 받아야 한다.

4. 갑자기 기분이 나빠질 때가 있니?

이 질문으로 아이에게 감정 기복이 있는지,
아니면 아이는 어떤 상황에서 기분이 나빠지는지 알아본다.
부모와의 갈등을 줄일 수 있는 좋은 질문이다.

5. 어떤 말을 들을 때 자존심이 상하니?

아이마다 마음의 필터가 다르다. 다른 아이는 아무 문제 없이
넘어가는 말이라도 내 아이에게는 상처가 될 수 있다.
아이의 자존심을 유난히 상하게 하는 말이 있는지 살펴보는 것이
중요하다. 미리 안다면 상처 주는 것을 피할 수 있다.

6. 가장 듣기 싫은 말이 있다면?

어떤 말에는 유난히 신경이 곤두서게 된다.
아이에게도 그런 말이 있다.
그것이 무엇인지 모르면 악순환이 계속된다.

7. 가장 싫은 사람이 있다면?

모든 사람을 좋아하기는 힘들다. 그중에서 유난히 마음에 들지 않는
가족이나 친구가 있을 수 있다. 아이가 싫어하는 사람이
누구이며 왜 싫어하게 되었는지 알아본다.

8. 아직도 용서하기 싫은 사람이 있다면?

상처를 크게 받으면 용서하기가 힘들다.
그 상처가 무엇인지 부모가 안다는 게 중요하다.
상처가 아이의 성장을 방해할 수 있기 때문이다.

9. 공부하기 싫을 때는 언제니?

공부를 좋아하는 사람이 얼마나 될까?
하지만 유난히 공부하기 싫을 때가 있다.
언제 그런지 알게 되면 아이의 학습을 지도할 때 도움이 된다.

10. 떠올리기만 해도 기분이 좋아지는 추억은?

기분 좋은 추억을 안다면 그 방향으로
다시 추억 만들기를 할 수 있다.
좋은 추억은 사람을 오랫동안 행복하게 해준다.

11. 세상이 공평하다고 생각하니?

세상이 공평하다고 생각하는 아이도 있고,
불공평하다고 불평하는 아이도 있다.
아이에게 불만이 있다면 왜 그렇게 느끼는지 대화해본다.

12. 공부란 무엇일까?

아이마다 공부에 대한 생각이 다르다.
공부가 자기 인생에 중요하다고 생각하는 아이도 있고,
별로 중요하지 않다고 생각하는 아이도 있다.
아이의 학습 지도에 중요한 정보가 될 수 있다.

13. 매사에 긍정적인 편이야, 부정적인 편이야?

스스로 진단해보는 것도 중요하다. 아이가 평소에 부정적인
생각을 많이 하는지, 긍정적인 생각을 많이 하는지 부모가 알고
있어야 한다. 그래야 정서적으로 아이에게 도움을 줄 수 있다.

14. 죽고 싶다고 생각해본 적 있어?

학습 부담, 친구 스트레스, 학교생활의 어려움 등은 부모의 생각보다
아이를 더 힘들게 한다. 이 질문은 어떤 질문보다 중요하다.
자신이 느끼는 고통에 대해 누구에게도 관심받지 못하고
말하지 못한 아이들이 가끔 세상을 포기하는 경우가 있다.

15. 부모님이 이해 안 될 때는 언제야?

아이가 솔직하게 털어놓을 수 있는 분위기를 먼저 조성한다.
그리고 아이의 말에 바로 불쾌감을 드러내지 않도록 주의한다.
아이의 관점에서 바라본 부모의 태도를 들은 후
잘못된 점을 수정하는 데 도움이 된다.

16. 부모님이 감사하다고 느껴질 때는 언제야?

아이가 무엇에 감사하는지 알게 되면 그 기회를 늘릴 수 있다.
아이와의 좋은 관계를 계속 유지할 수 있는 훌륭한 정보다.

17. 자신이 싫어질 때는 언제니?

어른들도 가끔은 자신이 만족스럽지 않아서 싫어질 때가 있다.
아이가 자신은 어떨 때 그런 기분에 휩싸이는지 알아야 한다.
우선 자신에 대해 정확하게 알아야 해결 방법을 찾고서
극복할 수 있다. 그것이 바로 메타인지를 높이는 것이다.

18. 가장 좋아하는 일은?

아이가 가장 좋아하는 일이 무엇인가를 아는 것은 중요하다.
그 일을 어떻게 좋아하게 되었는지 들어보면
아이를 더 깊이 이해하게 된다.

19. 가장 가지고 싶은 물건이 있다면?

왜 그것을 가지고 싶은지 들어보고, 꼭 필요하다는 생각이 들면
아이에게 선물한다. 어떤 것을 너무 오래 갈망하면서
기다리다 보면 지쳐서 분노가 올라올 수 있기 때문이다.

306

20. 외롭다고 느낄 때는 언제니?

부모와의 소통에 문제가 있거나 친구 관계에 어려움이 있을 때
외롭다고 느끼게 된다. 상당히 중요한 질문이므로
아이의 이야기에 귀 기울인다.

21. 가족이라고 하면 떠오르는 단어는?

이 질문에서는 가족과의 관계를 압축하는 단어가 언급될 것이다.
부정적인 단어가 나온다면 아이와 충분히 대화하면서
어떤 마음인지 알아볼 필요가 있다.

22. 자신을 가장 잘 이해해주는 사람은?

아이와 대화가 잘되는 사람이 누구인지,
마음이 잘 통하는 사람이 누구인지 알 수 있다.

23. 거짓말을 한 적이 있다면?

누구나 한두 번쯤 거짓말을 한 적이 있을 것이다.
고의적인 거짓말도 있고 하얀 거짓말도 있다.
고백하면 시원해지는 거짓말도 있다.

24. 꼭 해보고 싶은 일이 있다면?

아이가 하고 싶은 일이 무엇인지,
왜 하고 싶은지 들어보고 도와준다.

25. 어떤 말을 들을 때 가장 기분이 좋아?

아이가 좋아하는 말이 무엇인지 알 수 있다.
그 말을 자주 해준다면 기분 좋은 상황을 만들 수 있다.

26. 가장 자신 없는 일이 있다면?

아이가 무슨 일에 자신 없어 하는지,
또 그 이유가 무엇인지 들을 수 있다.
아이의 자신감 회복을 위해 도움을 줄 수 있는 기회다.

27. 부모님에게 꼭 하고 싶은 말이 있다면?

이 질문을 통해 평소에 부모한테 하고 싶었던 말이
무엇인지 자연스럽게 들을 수 있다.
아이가 편안하게 얘기할 수 있도록 부모도 열린 마음으로
들을 준비가 되어 있어야 한다.

28. 후회되는 일이 있다면?

자기 잘못에 대한 후회일 수도 있고,
아쉬운 일에 대한 후회일 수도 있다.
후회가 적절하지 않으면 이해와 격려로
아이가 후회하는 마음에서 벗어나도록 도와준다.

29. 걱정되는 사람이 있다면?

누구를 왜 걱정하고 있는지 알아야
아이가 걱정에서 벗어나게 도와줄 수 있다.

30. 시간 가는 줄 모르고 열심히 하는 게 있다면?

몰입해서 시간이 가는 줄도 모르는 분야가 있다면
아이가 그 분야에서 성장하도록 도와줄 수 있다.

31. 일어나지 않았으면 하는 일이 있다면?

미리 걱정을 앞세우는 아이가 있다. 불안한 정서로 인해
부정적인 감정에도, 스트레스에도 약하다. 그게 무엇인지 안다면
아이가 불안감에서 벗어나도록 도움을 줄 수 있다.

32. 부자가 되고 싶다면 왜?

아이들은 부자가 되고 싶다고 말한다.
그런데 왜 부자가 되고 싶을까?
그 목적이 따로 있다면 부모가 알고서 아이를 격려하거나
적절한 경제 교육으로 도움을 줄 수 있다.

33. 지금 가장 큰 고민은?

이 질문에 대한 대답은 주의 깊게 들어야 한다.
부모는 생각보다 아이의 고민에 무관심한 경우가 많다.

34. 가장 기다려지는 날이 있다면?

아이가 어떤 날을 손꼽아 기다리는지 궁금하지 않은가?
왜 그날을 기다리는지 이유를 들어보자.

35. 솔직하게 말한 후 후회한 적이 있다면?

사람들은 말을 한 뒤에 후회될 때가 있다.
왜 그렇게 말한 것을 후회하는지 아이의 이야기를 들어보고서
이제 그만 후회하기를 멈춰도 된다고 조언한다.
앞으로는 그럴 경우에 어떻게 하면 좋을지 함께 고민해본다.

36. 친구 중에 가장 고마운 친구가 있다면 왜?

어떤 친구에게 우호적인 감정을 느끼며,
그 친구를 고마워하는 이유가 무엇인지 알면
아이의 친구 관계를 이해하는 데 도움이 된다.

37. 가장 아끼는 게 있다면?

아끼는 물건이 무엇이며 왜 아끼는지를 들으면
아이의 마음을 더 잘 이해할 수 있다.
아이가 존중받는다고 느끼도록
부모도 아이의 물건을 소중히 다루자.

38. 아침에 눈뜰 때
가장 먼저 떠오르는 일이 있다면?

고민이 되는 일일 수도 있고, 지금 가장 관심을 갖는 일일 수도 있다.
아이를 이해하는 데 도움이 되는 질문이다.

39. 스스로 생각해도
자랑스러운 점이 있다면?

아이가 자신의 어떤 점을 자랑스럽게 생각하는지,
자신의 어떤 모습에 자긍심을 갖는지 안다면
부모는 성공적인 안내를 할 수 있다.

40. 이해가 안 되는 규칙이 있다면?

아이가 받아들이기 힘든 집안 규칙이 있는지 물어본다.
학교에서 지켜야 할 규칙 중에서 어떤 규칙을 지키기 힘들어한다면
그 이유가 무엇인지 알 수 있는 기회다.
아이의 스트레스가 심하다면 조정해줄 필요가 있다.

41. 가족과 함께 식탁에 앉아 있을 때 기분은?

가족이 모여서 함께 식사하는 것을 기분 좋게 받아들이는
아이도 있지만, 그렇게 모이는 것을 불편하게 여기는 아이도 있다.
그때 드는 기분이 긍정적인지 부정적인지
있는 그대로 설명해달라고 한다.

42. 자신에게 남들과 다른 점이 있다면?

이 질문에 아이는 남들과 다른 긍정적 특징을 언급할 수도 있고
부정적 특징을 얘기할 수도 있다. 특히 부정적인 이야기를 한다면
거기에서 벗어날 수 있게 격려해준다.

43. 가족과 함께여서 좋았다고
생각한 일이 있다면?

아이가 가족과 무슨 일을 같이할 때 좋아하는지 알면
좋은 관계를 유지하는 데 도움이 된다.

44. 행복하다고 생각하니?

아이가 평소에 행복감을 느끼며 생활하는지,
왜 그렇게 생각하는지, 아니면 왜 그렇지 못한지 알아본다.
아이와의 관계를 유지하거나 개선하는 데 도움이 된다.

45. 불행하다고 생각하니?

이 질문은 상당히 중요하다.
아이가 불행한 감정에 머물러 있다면
적극적인 도움을 주어야 한다.

46. 자신의 가장 큰 장점과 단점은?

아이가 스스로 파악하는 장점과 단점을 들어보고,
부모로서 어떻게 안내할지 중요하게 참고한다.

47. 부모님을 사랑하니?

아이가 부모를 어떻게 생각하는지
솔직한 감정을 털어놓을 수 있게 한다.

48. 부모님을 사랑하지 않는다면 왜?

부모와 어떤 문제가 있는지
아이의 입장을 직접 들을 수 있는 기회다.
아이와의 관계를 회복하기 위해 꼭 필요한 질문이다.

49. 부모님이 자신을 사랑하지 않는다고 생각한 적 있어?

자식을 사랑하지 않는 부모는 없다. 그럼에도 아이는
부모가 자신을 사랑하지 않는다고 느끼곤 한다.
무엇 때문에 그런 오해를 하는지 파악하고 해결한다.

50. 가장 사랑하는 사람은 누구니?

아이가 가장 사랑하는 사람이 부모가 아닌 다른 사람일 수 있다.
선생님일 수도 있고 친구일 수도 있다. 너무 서운해하지 말고,
아이가 좋은 감정을 가지고 있는 사람이 누구인지 알아본다.

314

어른을 위한
생각을 나누는 감성 터치 카드

1. 사랑이 많은 편인가요?

타인에게 관심을 가지고 풍부한 감정으로
따뜻한 마음을 잘 표현하는 사람들이 있다.
나는 과연 어떤 사람인지 생각해본다.

2. 마음이 따뜻하세요?

자기 마음이 따뜻해서 이 질문에 대답하고 싶을 수도 있고,
오히려 그렇지 못해서 이 질문을 선택하고
자신에 대해 말하고 싶을 수도 있다.

3. 배려심이 깊은가요?

배려심은 중요한 덕목이다.
배려심이 많은 사람은 인품이 남다르다.
배려를 잘하면 다양한 인간관계에서 호감도가 올라간다.

4. 검소한 편인가요?

검소함을 미덕으로 여겨 실천하는 사람도 있고, 어쩔 수 없이
검소하게 사는 사람도 있다. 검소함을 자랑스럽게 생각하는 사람도
있고, 불편하게 여기는 사람도 있다. 이 질문을 선택했다면
자신이 들려주고 싶은 이야기가 있다는 것이다.

5. 화려한 것을 좋아하나요?

선천적으로 화려함이 불편한 사람도 있고,
화려함을 즐기는 사람도 있다.
각자의 취향에 대해 편하게 얘기해보자.

6. 도전 정신이 있나요?

사람에게는 타고난 기질이 있다. 두려움 없이 도전하는 사람도 있고,
작은 일에 도전하는데도 큰 용기가 필요한 사람도 있다.
또한 그 같은 자신의 기질에 만족하는 사람도 있고
불만족하는 사람도 있다.

7. 이해심이 많은가요?

자신을 정확하게 안다는 것은 정말 어려운 일이다.
특히 나의 이해심 정도는 나를 많이 지켜본 사람이 나보다
더 정확하게 파악한다. 타인에 대한 이해심이 부족해서
항상 투덜거리는 사람들이 있는데 나는 어떠한지 들여다보자.

8. 열정이 많은가요?

열정은 어떤 일에 열렬한 애정을 가지고 열중하는 마음을 말한다.
열정이 있으면 성공할 확률이 높다. 사람들이 자주
"저는 열정이 부족해요"라고 자신에 대한 불만을 토로한다.
매사 열정이 없어서, 혹은 열정이 넘쳐서 말하고 싶기도 하다.

9. 섬세한 성격인가요?

예민하고 섬세한 성격이 장점으로 발휘되어
자신은 물론 주변 사람들에게 도움이 되기도 한다.
또 한편으로는 그러한 성격 탓에
누군가를 불편하게 하기도 한다.

10. 용서를 잘하는 성격인가요?

용서를 잘하는 것은 상대방보다 자신에게 좋다.
용서하지 않으면 그 기간에 상대방이 힘든 게 아니라
용서를 못 하는 자신이 더 힘들기 때문이다.
용서는 자신을 위한 미덕이다.

11. 의지력이 강한가요?

삶을 성공적으로 이끌어가는 데 의지력은 매우 중요한 덕목이다.
지구력과 비슷한 개념인데 끝까지 최선을 다하려는 마음이다.
내 의지력은 어느 정도인지 돌아보고 말해보자.
메타인지를 높일 수 있는 질문이다.

12. 상냥한 편인가요?

상냥하지 못한 게 불만인 사람이 많다.
상냥하면 많은 사람에게 사랑을 받을 수 있기 때문이다.

13. 설득력이 좋은가요?

모든 일은 결국 협업으로 이루어지므로 설득력이 좋다는 것은
대단한 장점이다. 주로 설득을 당하는 사람이 있고 설득을 하는
사람이 있는데, 어느 쪽이 유리한지는 두말할 필요가 없다.
설득력이 부족하다면 어떻게 보완하고 발전시킬지 생각해보자.

14. 배움에 대한 열정이 많은가요?

부모 교육에 참여하는 부모들은 배움에 대한 열정이 남다르다.
배움에 대한 열정은 성장을 동반한다.
자신에게 배우고자 하는 열망이 얼마나 많은지 말해보자.

15. 매사에 긍정적인가요?

자기계발서에 빠지지 않고 등장하는 말이 긍정적인 마인드다.
긍정적인 사람은 어떤 일도 해결되리라는 믿음이 굳건하여
그 결과가 달라진다. 자신이 긍정적인 사람인지 아닌지 생각해보자.

16. 예지력이 있나요?

어떤 사람들은 예지몽을 꾸곤 한다. 앞으로 일어날 일에 대해
미리 어떤 감을 느끼거나 예상하는 것이다. 어쩐지 느낌이
좋지 않으니 그러면 안 될 것 같다고 조언하기도 한다.
생각보다 많은 사람이 스스로 예지력이 있다고 말한다.

17. 표현력이 좋은가요?

영국 철학자 루트비히 비트겐슈타인은
"내 언어의 한계는 내 세계의 한계를 의미한다"라고 말했다.
언어 습관이 사고를 지배할 수 있다. 나는 자신의 생각이나
느낌을 잘 표현하는 사람인지 아닌지 살펴보자.

18. 용기가 많은가요?

용기도 살아가는 동안 꼭 필요한 덕목이다.
용기가 있어야 자신이 하고 싶은 일을 씩씩하게 실천할 수 있다.
자신은 용기를 내기 위해 부단히 노력하는 유형인지 알아보자.

19. 의리가 있나요?

의리는 자신만을 위한 덕목이 아니라 상대방을 위한 덕목이기도 하다.
이 카드를 선택했다면 의리가 있다는 점을 알리고 싶거나,
그런 자신의 장점에 만족한다는 것이다. 주변에서 자기 성격을
긍정적으로 평가하고 있음을 은연중에 알리고 싶은 마음이다.

20. 자신을 사랑하나요?

무엇보다도 중요한 질문이다. 자신을 사랑하는 것이 당연해 보이지만,
실제로는 자신을 사랑하지 못하는 사람이 많다.
지금껏 살아온 삶에 만족하지 못하거나 자존감이 낮아도
자신을 사랑하기 힘들다. 많은 사람이 이 카드를 선택한다.

21. 말을 잘하는 편인가요?

현대인에게 말을 잘하는 것은 아주 큰 장점이다. 옛날에는 말을
잘하면 어쩐지 '세 치 혀'만 앞세우는 것처럼 여겨지기도 했으나,
지금은 말을 잘하지 못하면 부족해 보일 때가 많다.
어떻게 하면 말을 잘할 수 있을지 함께 고민하는 시간을 가져보자.

22. 협상을 잘하나요?

협상력은 전쟁터에서 중요한 무기를 가진 것과 같다.
집, 학교, 직장 등 어디서나 누구와나 우리는 크고 작은
협상을 벌이며 살아간다. 세상은 협상 테이블이므로
협상력이 곧 자신감이고, 그것은 삶의 질로도 이어진다.

23. 자신감이 넘치나요?

자신감이 부족할 때 다른 사람의 시선이나 생각에 신경을 많이 쓴다.
아무리 실력이 뛰어나도 자신감이 없으면 그 실력을
다 발휘하지 못할 수 있다. 다른 사람은 자신감을
어떻게 키웠는지 궁금할 수도 있다.

24. 멋스러운가요?

멋스러움은 단순히 사치와 치장에서 나오는 것이 아니며,
남과 경쟁하고 비교하며 따라 해서 완성하는 것도 아니다.
내면의 생각과 감성을 자신만의 스타일대로 표현해내는 것이다.

25. 꾸미는 것을 좋아하나요?

꾸미는 데에는 시간과 정성이 든다.
그만큼 노력과 관심이 필요하다.
무엇을 꾸미고 가꾸는 데 집중하는지 알면
그 사람의 세계관과 라이프스타일을 알 수 있다.

26. 노래 부르기를 좋아하나요?

노래 부르는 것을 좋아하는 사람이 많은데,
고음의 노래를 부르면서 스트레스를 푼다.
건전하게 스트레스를 해소하는 방법이라 할 수 있다.

27. 시를 좋아하나요?

요즘은 시를 즐겨 읽는 사람이 많지 않은데
시를 좋아하고 암기해서 낭독하는 사람을 보면
감동적이고 부럽기까지 하다.

28. 책 읽는 것을 좋아하나요?

책을 여러 권 쓴 작가로서 책 읽는 것을 무척 좋아한다.
다른 사람이 책 읽기를 좋아하는지 궁금하기도 하고,
누가 나에게 질문해도 책에 관해 얘기할 기회가 생겨서 반갑다.
책을 추천해주면 더 반갑고, 나도 책을 추천하기를 좋아한다.

29. 영화를 좋아하나요?

영화를 취미로 즐기는 분이 많다.
영화를 보고 난 후 각자의 생각을 나누는 것도 좋다.
다른 사람들은 어떤 취미를 즐기는지, 영화를 좋아한다면
어떤 장르를 좋아하는지 대화해보자.

30. 양보를 잘하나요?

양보는 인품을 가늠하는 덕목이다.
양보할지 말지는 스스로 결정하여 선택하는 것이다.
가끔은 상대방이 누구냐에 따라 그 결정이 달라지기도 한다.

31. 슬픈 기억이 있나요?

사람마다 슬픈 기억 한두 개쯤은 있다.
각자 어떤 아픈 기억이 있는지 말해보자.
슬픔에 눈물을 흘리고 나면 우울하고 아픈 감정이
어느 정도 치유되는 걸 느끼게 된다.

32. 외롭다고 느낀 적 있나요?

유난히 외로움을 타는 사람이 있다. 다양한 원인이 있겠지만,
특히 사람을 좋아하는 성정이 외로움을 자주 느끼게 한다.

33. 싫어하는 사람이 있나요?

모든 사람을 좋아할 수는 없다.
왠지 모르게 싫은 사람이 있다.
혹은 싫어하는 이유가 분명한 사람도 있다.

34. 가장 자신 없는 일은 무엇인가요?

모든 일을 자신 있게 척척 잘하면 얼마나 좋을까.
그런 사람은 없다.
무슨 일을 할 때 자신이 없어지는지
이야기를 나누며 해법을 찾아보자.

35. 사랑받는다고 느낀 적이 언제였나요?

사랑받고 있다고 느끼는 감정은 매우 소중하다.
부모의 사랑조차 느껴본 적이 없다고 슬퍼하는 사람들이 있다.

36. 칭찬받고 싶은 일은 무엇인가요?

아이나 어른이나 칭찬받고 싶은 마음은 같다.
유난히 칭찬에 목마른 사람도 있다.
자신은 무슨 일에서 칭찬받고 싶은지 들여다보는 시간을 갖자.

37. 소중한 사람을 잃어본 적 있나요?

이 카드를 선택했다면
잊지 못하는 죽음에 대해 말하고 싶은 것이다.
추억하고 추모하는 것만으로도 큰 위로가 된다.

38. 누군가를 미워하면서
괴로워한 적 있나요?

누군가를 미워하다 보면 그 사람보다 미워하고 있는 내가
더 괴로워서 미워하는 일을 그만두게 된다. 미워하는 감정을
정리하지 못한 채 오랫동안 묵혀둔 일이 있는지 떠올려본다.

39. 내가 좋아하는 사람이
나를 싫어한 적 있나요?

학창 시절에 한두 번 겪을 수 있는 이야기다.
나는 친구를 좋아하는데 그 친구는 나에게 관심이 없어서
속상했던 기억이 있다. 또래 문화에서 자주 있는 일이다.

40. 부자라고 생각하나요?

자신이 부자라면 어떤 부자인지, 어떤 부자를 추구하는지,
부를 이룬 다음에는 무엇을 하고 싶은지 대화하다 보면
재미있는 이야기가 많이 나온다.

41. 가난하다고 생각하나요?

경제적인 상황으로 어려움을 겪은 적이 있었는지 떠올려보자.
자신이 가난하다고 생각한다면 왜 가난한지,
어떻게 가난에서 벗어날 수 있는지 얘기해보자.

42. 지우고 싶은 기억이 있나요?

어쩌면 부끄러운 과거에 대한 비밀스러운 이야기일 수도 있다.
하지만 입 밖으로 꺼내어 말하는 순간, 그동안 짓눌려온
비밀이라는 무게에서 벗어나기도 한다.
별것 아닌 일인데 혼자서 끙끙거릴 때도 있기 때문이다.

43. 아직도 하고 싶은 일을 못 하고 있나요?

정말 하고 싶었던 일을 현재 하고 있는 사람은 많지 않다.
하지만 나이가 들어도 여전히 꿈을 향해 노력하는 사람,
꿈을 이루고자 하는 열망을 계속 품고 있는 사람은 많다.
이루지 못한 꿈 이야기를 하며 자신을 다시 한번 들여다보자.

44. 아직도 잊지 못하는 사람이 있나요?

잊지 못하는 대상이 부모나 친구일 수도 있다.
또한 그 대상이 도움을 많이 받은 사람인 경우도 있고,
청춘 시절의 연인인 경우도 있다.
누구를 다시 찾아보고 싶은지 떠올려보자.

45. 실수였다고 변명하고 싶은 일이 있나요?

미안하다고 사과할 기회를 놓쳐서 오랫동안 세월만 흘려보낸 경우,
그동안 만날 수 없어서 미처 사과의 말을 못 한 경우 등
가족, 친구, 동료 간에 꺼내지 못한 이야기가 있을 것이다.

46. 삶의 멘토가 있나요?

실제 인물이든, 영화나 책 속 인물이든,
역사 속 위인이든 누구든 멘토가 될 수 있다.

47. 힘든 일이 있을 때
가장 생각나는 사람은 누구인가요?

자기 상황이 어려울 때 유난히 생각나는 사람이 있다.
부모일 수도 있고, 늘 가까이에서 응원해주는 지인이나 스승일
수도 있다. 누구라도 생각나는 사람이 있다는 것은 행복이다.

48. 이제 이해할 수 있게 된 사람은 누구인가요?

당시에는 이해가 되지 않아서 관계가 어긋났지만,
지금 와서 생각하면 별것 아닌 일들이 있다. 지금 다시 만난다면
화해하면서 서로 미안하다고 말할 수 있을 텐데 말이다.

49. 당신은 나의 영웅이라고 말하고 싶은 사람이 있나요?

가까운 곳에 나의 영웅이 있기도 하고, 영화 속 인물이나
역사적 인물이 나의 영웅일 때도 있다.
성장 시기에 따라 영웅이 달라지기도 한다.

50. 행복한가요?

누구나 행복하게 사는 것이 목표이지만,
"행복합니다"라고 선뜻 대답하는 사람은 드물다.
여러분은 "행복한가요?"

초등 메타인지 공부력

초판 1쇄 인쇄 2023년 2월 24일
초판 1쇄 발행 2023년 3월 3일

지은이 김금선
펴낸이 이승현

기획팀 오유미
기획 이진아콘텐츠컬렉션

펴낸곳 ㈜위즈덤하우스 **출판등록** 2000년 5월 23일 제13-1071호
주소 서울특별시 마포구 양화로 19 합정오피스빌딩 17층
전화 02) 2179-5600 **홈페이지** www.wisdomhouse.co.kr

ⓒ 김금선, 2023

ISBN 979-11-6812-586-5 03370